GRANDES LINHAS DA REFORMA DO CONTENCIOSO ADMINISTRATIVO

DIOGO FREITAS DO AMARAL
Professor Catedrático da Faculdade de
Direito da Universidade Nova de Lisboa

MÁRIO AROSO DE ALMEIDA
Professor da Faculdade de Direito
da Universidade Católica no Porto

GRANDES LINHAS DA REFORMA DO CONTENCIOSO ADMINISTRATIVO

(Revista e actualizada)
Reimpressão da 3.ª Edição de Junho 2004

GRANDES LINHAS DA REFORMA
DO CONTENCIOSO ADMINISTRATIVO

AUTORES
DIOGO FREITAS DO AMARAL
MÁRIO AROSO DE ALMEIDA

EDITOR
EDIÇÕES ALMEDINA, SA
Avenida Fernão de Magalhães, n.º 584, 5.º Andar
3000-174 Coimbra
Tel.: 239 851 904
Fax: 239 851 901
www.almedina.net
editora@almedina.net

PRÉ-IMPRESSÃO · IMPRESSÃO · ACABAMENTO
G.C. – GRÁFICA DE COIMBRA, LDA.
Palheira – Assafarge
3001-453 Coimbra
producao@graficadecoimbra.pt

Maio, 2007

DEPÓSITO LEGAL
212815/04

Os dados e as opiniões inseridos na presente publicação
são da exclusiva responsabilidade do(s) seu(s) autore(s)

Toda a reprodução desta obra, por fotocópia ou outro qualquer processo,
sem prévia autorização escrita do Editor,
é ilícita e passível de procedimento judicial contra o infractor.

PREFÁCIO DA 1.ª EDIÇÃO

Ao fim de mais de dez anos de preparação, e após cerca de meia dúzia de anteprojectos e projectos, eis que finalmente a Assembleia da República aprova a tão desejada, tão propalada e tão necessária "Reforma do Contencioso Administrativo" — através da Lei n.º 13/2002, de 19 de Fevereiro (novo Estatuto dos Tribunais Administrativos e Fiscais), e da Lei n.º 15/2002, de 22 de Fevereiro (que aprova o Código de Processo nos Tribunais Administrativos).

Trata-se de uma grande reforma do nosso contencioso administrativo, tanto em extensão como em profundidade, e quer no plano da organização judiciária, quer no das normas de direito processual.

Os leitores poderão encontrar, no final deste livro, um breve resumo das principais inovações trazidas por esta reforma. Não faria sentido antecipar aqui esse texto. Basta dizer, para demonstrar a amplitude das alterações introduzidas, que — no plano organizativo — o Supremo Tribunal Administrativo deixa de ser, para a generalidade dos casos, um tribunal de 1.ª instância, convertendo-se sobretudo em tribunal de revista; que o Tribunal Central Administrativo deixa de ser um tribunal especial (encapotado) da função pública para se transformar em autêntico tribunal de 2.ª instância; e que os Tribunais Administrativos de Círculo vêem grandemente ampliadas as suas competências, o que exige que o seu número aumente de modo considerável.

No plano do direito processual, a reforma é ainda mais profunda, se possível: termina a longa vida do "recurso contencioso de anulação", que é substituído por uma acção de impugnação de actos e normas e de condenação à prática de uns e outras; unificam-se as acções sobre contratos, responsabilidade civil e reconhecimento de direitos ou interesses legalmente protegidos; admite-se a condenação judicial da Administração à prática de actos legalmente devidos; introduzem-se no contencioso administrativo, em termos gerais, providências cautelares especificadas e não especificadas, além da tradicional suspensão da eficácia de actos administrativos; admite-se em termos amplos a cumulação de pedidos, v.g. a de um pedido de anulação de acto ilegal com o correspondente pedido de indemnização dos danos por ele causados; e, enfim, revê-se e reforça-se o processo de execução das sentenças dos tribunais administrativos.

Numa palavra, salta-se do tradicional *modelo francês* de contencioso administrativo para um modelo mais próximo do *modelo alemão* de jurisdição administrativa — o primeiro, inspirado pela histórica figura do "recurso hierárquico jurisdicionalizado" e pela forte limitação dos poderes de decisão do juiz administrativo; o segundo, marcado por uma grande aproximação ao processo civil, pelas figuras típicas da acção constitutiva e condenatória e pela plenitude de jurisdição de verdadeiros tribunais integrados no Poder Judicial.

Está assim fechado o ciclo das reformas e transfomações operadas, a partir da Constituição de 1976, no Direito Administrativo português, tanto no domínio substantivo como no campo processual. Ao nível da jurisdição administrativa, acha-se finalmente consagrado, e regulado, em toda a sua amplitude, o Estado de Direito democrático.

Falta só — e é muito — que a prática corresponda à teoria, e que a realidade vivida no dia a dia dos contactos entre os cidadãos ou as empresas e a Administração Pública se conforme, ponto por ponto, ao *dever ser* proclamado pelo Direito. Tenhamos esperança.

Os Autores deste trabalho colaboraram no processo da reforma.

O primeiro tomou parte no seu arranque, presidindo à comissão que, em 1990, elaborou o primeiro projecto de reforma — o Projecto de Código do Contencioso Administrativo —, que constituiu o ponto de partida de um caminho longo e atribulado.

O segundo participou na fase final, colaborando com o Ministério da Justiça, no âmbito do respectivo Gabinete de Política Legislativa e Planeamento, na elaboração das propostas de Lei que o Governo apresentou à Assembleia da República em Julho de 2001 e que desencadearam o procedimento legislativo que conduziu à aprovação do novo Estatuto dos Tribunais Administrativos e Fiscais e do Código de Processo nos Tribunais Administrativos.

Ambos aproveitam a oportunidade para dirigir ao anterior Ministro da Justiça, António Costa, e à sua equipa as mais vivas felicitações por ter tido a vontade política de concretizar a tão indispensável, e tantas vezes adiada, reforma do contencioso administrativo. E, em especial, para felicitar o Director do Gabinete de Política Legislativa e Planeamento do Ministério da Justiça, Mestre João Tiago da Silveira, pelo trabalho muito valioso e eficiente desenvolvido ao longo dos últimos dois anos: à sua dedicação, competente e empenhada, muito fica a dever esta reforma.

Cumpre, agora, prosseguir o caminho trilhado. Ao novo Governo está lançado o desafio de dotar a justiça administrativa dos meios indispensáveis à concretização da reforma, instalando a imprescindível rede de tribunais administrativos de círculo e dotando-a dos recursos técnicos e humanos necessários ao cumprimento da sua missão.

Uma vez aprovada e publicada no Diário da República, a reforma liberta-se, naturalmente, de todos os que contribuíram para a sua preparação. À comunidade jurídica no seu conjunto incumbe dar-lhe vida e determinar o sentido, dos muitos possíveis, que as suas determinações encerram. A *vacatio legis* de um ano, contado desde a data da publicação — indispensável à adopção das medidas de que depende a concretização da reforma no terreno e que passa, como foi referido, pela criação de novos tribunais administrativos de círculo e pelo recrutamento de novos juízes —, faz com que o primeiro momento pertença à doutrina. Durante este ano, recai sobre a doutrina o decisivo papel de divulgar — e reflectir sobre — as profundas inovações que esta reforma vem introduzir no nosso contencioso administrativo. Mais tarde virá o veredicto da jurisprudência.

É nesta perspectiva que se inscreve o presente trabalho, que mais não pretende do que dar um primeiro contributo de quem entende dever assumir a sua quota-parte da responsabilidade que, neste momento, a toda a doutrina administrativa portuguesa se coloca, de contribuir para preparar a comunidade jurídica para a entrada em vigor deste *novo contencioso administrativo*.

Lisboa, Abril de 2002.

DIOGO FREITAS DO AMARAL
MÁRIO AROSO DE ALMEIDA

NOTA PRÉVIA À 2.ª EDIÇÃO

A 1.ª edição deste livro esgotou-se em pouco mais de seis meses. Por este motivo, procede-se ao lançamento de uma 2.ª edição. É ainda cedo para rever as posições assumidas na 1.ª edição. Entendeu-se não dever, por isso, mexer no texto. Com uma única excepção, no que se se refere à *vacatio legis* da reforma do contencioso administrativo.

Acaba de ser, com efeito, tomada a decisão de adiar a entrada em vigor da reforma para 1 de Janeiro de 2004. O adiamento não põe em causa a reforma, mas, pelo contrário, cria condições para a sua efectiva implementação. Na verdade, ele era indispensável, atenta a necessidade de aproveitar o ano de 2003 para ainda adoptar um conjunto de medidas necessárias à concretização da reforma, ao nível das instalações e dos recursos técnicos e humanos envolvidos. Com a vantagem de permitir, entretanto, alargar o período de formação inicialmente programado dos novos juízes recrutados para os tribunais administrativos e fiscais, por forma a prepará-los melhor para o exercício das exigentes funções que lhes caberá exercer.

Acrescentaram-se, entretanto, referências à lista bibliográfica final, por forma a colmatar um ou outro lapsos cometidos e a dar conhecimento, num contexto ainda de natural escassez, de textos recentemente vindos a público sobre o novo regime do contencioso administrativo.

DIOGO FREITAS DO AMARAL
MÁRIO AROSO DE ALMEIDA

NOTA PRÉVIA À 3.ª EDIÇÃO

Esta 3.ª edição tem o único propósito de actualizar o texto, em função da evolução entretanto ocorrida.

À partida, isso pode parecer surpreendente, na medida em que poucos meses passaram desde o lançamento da 2.ª edição e os diplomas da reforma do contencioso administrativa acabam de entrar em vigor. A verdade, porém, é que, após uma primeira revisão do Código de Processo nos Tribunais Administrativos (CPTA), introduzida pela Lei n.º 4-A/2003, de 19 de Fevereiro, também o Estatuto dos Tribunais Administrativos e Fiscais (ETAF) veio a ser alterado, ainda antes da data da sua entrada em vigor, pela Lei n.º 107-D/2003, de 31 de Dezembro. E sucede que, se as alterações ao CPTA, por serem de pormenor, não tiveram consequências sobre o conteúdo deste livro, já as modificações agora introduzidas no ETAF, embora não sejam muitas, têm outro alcance, por se projectarem sobre o próprio modelo adoptado de organização dos tribunais administrativos.

Procedeu-se, assim, à adaptação do texto em conformidade, tendo-se ainda aproveitado para actualizar de novo a lista bibliográfica final, por forma a dar conhecimento de alguns dos mais relevantes textos entretanto vindos a público sobre o novo regime do contencioso administrativo.

Não se quer deixar, entretanto, de aproveitar o ensejo para deixar uma nota de viva congratulação pelo facto de a reforma ter entrado em vigor na data prevista, de 1 de Janeiro de 2004, uma vez criadas as condições necessárias à sua concretização, ao nível das instalações e dos recursos técnicos e humanos envolvidos. A exemplo do que sucede na generalidade dos países da Europa, Portugal passa, assim, a dispor de uma jurisdição administrativa e fiscal digna desse nome, dotada de uma rede adequada de tribunais de primeira instância — constituída por quatro tribunais administrativos e fiscais agregados na área metropolitana de Lisboa (em Lisboa, Sintra, Loures e Almada), dois na área metropolitana do Porto (no Porto e em Penafiel) e ainda pelos tribunais de Braga, Mirandela, Coimbra, Viseu, Castelo Branco, Leiria, Beja e Loulé — e reforçada pelo recrutamento de um número significativo de novos juízes, seleccionados de entre pessoas já com experiência nos domínios do Direito administrativo e fiscal, a quem foi ministrada uma formação específica.

A exemplo do que sucede na generalidade dos países europeus, a solução de se atribuir o julgamento das questões de natureza administrativa e fiscal a tribunais diferentes dos tribunais judiciais tem uma explicação que, na actualidade, radica na reconhecida necessidade, sempre crescente, de uma clara e forte especialização neste domínio. É, na verdade, cada vez mais vasto e complexo o universo das relações jurídicas que envolvem os poderes públicos e, por isso, é cada vez mais necessária — tanto do lado dos advogados que patrocinam as causas, como dos juízes que são chamados a julgá-las — uma preparação adequada que só pode vir da especialização.

A existência de uma ordem específica de tribunais administrativos e fiscais só faz, pois, sentido se for o instrumento para a instituição de uma rede adequada de tribunais, que aproximem a Justiça dos cidadãos, e para a formação de um corpo de juízes especializados com uma sólida preparação, que não se sintam tentados a refugiar-se em questões formais, mas se sintam plenamente habilitados a dizer o Direito em cada caso, por forma a assegurar a realização efectiva da Justiça e, com ela, a efectiva salvaguarda dos direitos individuais perante os poderes públicos. Este é o passo que, por fim, é dado com a entrada em vigor da reforma do contencioso administrativo.

DIOGO FREITAS DO AMARAL
MÁRIO AROSO DE ALMEIDA

INDICAÇÕES DE LEITURA

— *A propósito de cada tema, inclui-se a referência do que sobre ele de relevante ficou dito nas Exposições de Motivos que acompanharam as propostas de lei apresentadas pelo Governo à Assembleia da República em Julho de 2001. As referências que, sem mais explicações, se fazem à "Exposição de Motivos do ETAF" e à "Exposição de Motivos do CPTA" dizem, pois, respeito a esses textos.*

— *As abreviaturas ETAF, LPTA, CPTA, CPA, CPC e CRP referem-se, respectivamente, ao* Estatuto dos Tribunais Administrativos e Fiscais, *à* Lei de Processo nos Tribunais Administrativos *(de 1985), ao* Código de Processo nos Tribunais Administrativos *(que vem revogar essa lei), ao* Código do Procedimento Administrativo, *ao* Código de Processo Civil *e à* Constituição da República Portuguesa.

— *Houve o intencional propósito de limitar o âmbito das referências bibliográficas, dando natural preferência aos trabalhos de um ou outro modo relacionados com a reforma do nosso contencioso administrativo e, em particular, àqueles que surgiram no âmbito (ou por ocasião) da discussão pública sobre a reforma que, ao longo do ano 2000, o Ministério da Justiça promoveu, em colaboração com as principais Faculdades de Direito portuguesas.*

— *A remissão que é repetidamente feita, nas notas, para o livro "O Debate Universitário" diz respeito ao primeiro de dois volumes que, sob o título "Reforma do Contencioso Administrativo — Trabalhos Preparatórios — O Debate Universitário", o Ministério da Justiça deu à estampa em Novembro de 2000, no âmbito da publicação oficial dos trabalhos preparatórios da reforma do contencioso administrativo, e no qual se encontra reunida grande parte dos textos das intervenções proferidas no âmbito da referida discussão pública*[1]. *Como também é indicado nas notas (através da referência CJA n.° x, p. y), muitos desses textos encontram-se igualmente publicados nos n.ºˢ 19, 20, 21, 22 e 24 dos* Cadernos de Justiça Administrativa, *revista que tem prestado um valioso serviço à justiça administrativa portuguesa, ao longo dos cinco anos que já leva de vida, e que desempenhou um relevante papel durante todo o processo de reforma do contencioso administrativo.*

---

[1] Há nova publicação destes textos: cfr. *Reforma do contencioso administrativo*, vol. I, Coimbra Editora, 2003.

1. Considerações gerais

1.1. Muito se escreveu e foi dizendo, ao longo de todos estes anos, sobre a imprescindibilidade da reforma do contencioso administrativo. Como foi referido nas Exposições de Motivos do ETAF e do CPTA:

"Trata-se de uma reforma essencial à garantia dos direitos fundamentais dos cidadãos, pois incide sobre o principal instrumento de garantia desses direitos perante a Administração Pública. E trata-se de uma reforma absolutamente indispensável à plena instituição, no nosso país, do Estado de Direito que a Constituição da República Portuguesa veio consagrar. Como é sabido, o contencioso administrativo português não foi objecto da reforma profunda que a instituição do regime democrático exigia e que, em sucessivas revisões constitucionais, o legislador constituinte tem vindo a reclamar. Crescentemente aguardada, mas sucessivamente adiada, a necessária reforma foi sendo substituída por medidas de alcance mais limitado, que, aperfeiçoando embora o sistema, não alteraram as suas traves mestras".

a) Do ponto de vista estrutural, atinente ao ETAF, a reforma era, desde logo, imprescindível porque se impunha proceder a uma profunda redefinição do quadro das competências dos tribunais administrativos, por forma a libertar o Supremo Tribunal Administrativo do número excessivo de competências (em primeira instância) que ainda lhe eram atribuídas, distribuindo-as pelos tribunais administrativos de círculo, mais adequados ao seu exercício.

Por outro lado, a consagração no texto constitucional, com a revisão de 1989, da jurisdição administrativa como o complexo de tribunais incumbidos de "dirimir os litígios emergentes das relações jurídicas administrativas" (artigo 212.º da CRP) conferiu-lhe um estatuto diferente daquele que até então lhe correspondia, colocando questões, no plano da delimitação do âmbito da jurisdição administrativa, às quais a reforma do contencioso administrativo não podia deixar de dar resposta.

b) No plano processual, cumpre recordar que a LPTA resultou de uma reforma assumidamente transitória e intercalar e, por isso, de alcance limitado, tanto quanto ao âmbito das matérias reguladas, como quanto à magnitude das inovações introduzidas ([1]). Pesem embora os indiscutíveis progressos então introduzidos, a verdade é que, em muitos aspectos, o regime processual do nosso contencioso administrativo permaneceu inalterado, conservando-se assim fiel, nas suas grandes linhas, ao modelo que o Estado Novo lhe tinha imprimido — com as consequências que daí naturalmente decorrem no que concerne à inexistência de condições para assegurar a tutela jurisdicional efectiva dos particulares perante a Administração.

A reforma era, pois, também neste plano, absolutamente indispensável e tanto mais urgente quanto é certo que, enquanto os diferentes projectos legislativos se iam sucedendo, sem que a reforma se concretizasse ([2]), a jurisprudência do Supremo Tribunal Administrativo, diferentemente do que sucedeu na vizinha Espanha, não se revelou capaz, na generalidade dos casos, de adequar o sistema ao novo

---

([1]) Nas palavras de Pinto Loureiro, "As garantias dos administrados. O processo nos tribunais administrativos", in *Contencioso Administrativo,* Braga, 1986, p. 194, na lei de processo de 1985 "teve que se adaptar ou inovar apenas no mais urgente, para valer durante o período transitório, até haver tempo e vontade política de fazer uma lei de processo completa". A propósito da reforma de 1984/1985, cfr. Rui Chancerelle de Machete, "O Estatuto dos Tribunais Administrativos e Fiscais", in *A Feitura das Leis,* vol. I, Lisboa, 1986, pp. 99 segs., e a breve síntese, com outras referências, em Mário Torres, "A reforma do contencioso administrativo: Que metodologia?", *Cadernos de Justiça Administrativa* n.º 9, p. 6.

([2]) Sobre algumas das vicissitudes da reforma, cfr. Diogo Freitas do Amaral, "Projecto de Código do Contencioso Administrativo", *Scientia Ivridica,* tomo XLI (n.º 235/237), pp. 7-9; Mário Torres, *op. cit.,* pp. 6-7.

Grandes Linhas da Reforma do Contencioso Administrativo   17

modelo jurídico-constitucional. Só para dar alguns dos exemplos mais significativos, veja-se a rigidez durante tanto tempo manifestada no manuseamento da acção para reconhecimento de direitos e interesses, bem como na atribuição da suspensão da eficácia de actos administrativos e na admissão de providências cautelares não especificadas.

Consciente desta realidade e no propósito de vencer a passividade instalada, o legislador constitucional foi emitindo sucessivos sinais de impaciência, de intensidade crescente à medida que o tempo ia passando ([3]). Logo desde a revisão de 1982, tornou claro que a garantia constitucional do acesso à justiça administrativa não se esgota na formulação de pedidos de anulação ou de declaração da nulidade de actos administrativos; e, impressionado com a passividade do legislador e da jurisprudência, acabou por avançar, na revisão de 1997, para a explicitação das principais manifestações do direito à tutela jurisdicional efectiva dos particulares perante a Administração.

Essa explicitação consta hoje dos n.ºs 4 e 5 do artigo 268.º da CRP, que fornecem um elenco das principais pretensões que os particulares devem ser admitidos a formular perante a justiça administrativa: reconhecimento de direitos ou interesses, impugnação de actos e de normas administrativas, determinação da prática de actos administrativos legalmente devidos e adopção de providências cautelares. A redefinição do quadro dos meios processuais existentes, de modo a assegurar que estas pretensões possam ser accionadas, constituía, assim, uma exigência de reforma do contencioso administrativo que era imposta pelo próprio texto constitucional ([4]).

Em ambos estes planos se concretiza a reforma, que pela sua profundidade se poderá mesmo dizer que introduz, na ordem jurídica portuguesa, um *novo contencioso administrativo,* finalmente adequado ao

---

([3]) Para a breve síntese da evolução do texto constitucional nesta matéria, cfr. VIEIRA DE ANDRADE, "As transformações do contencioso administrativo na terceira República portuguesa", *Legislação — Cadernos de ciência de legislação,* n.º 18, pp. 76 segs.

([4]) Cfr. VASCO PEREIRA DA SILVA, *O contencioso administrativo como "direito constitucional concretizado" ou "ainda por concretizar",* Coimbra, 1999, *maxime* a pp. 43 segs.

modelo constitucional ([5]). A cada um deles serão dedicadas as duas partes deste trabalho.

1.2. Ainda neste momento de considerações gerais, será, contudo, conveniente, quanto a nós, notar que, acentuando embora a indiscutível dimensão de garantia das esferas jurídicas individuais perante os poderes da Administração Pública que ao contencioso administrativo pertence, o novo contencioso administrativo português nem por isso consagra um modelo subjectivista de justiça administrativa, no qual se elimine "a amplitude do controlo da legalidade, que passa a ser realizada reflexamente por via da protecção dos direitos individuais" ([6]).

Como é sabido, o artigo 268.º, n.º 4, da Constituição, consagrando um direito fundamental de natureza análoga aos direitos, liberdades e garantias, refere-se ao objecto da justiça administrativa a partir de uma óptica natural e inevitavelmente subjectivista, acentuando, por isso, apenas uma das dimensões que à justiça administrativa deve corresponder ([7]). Essa dimensão, num Estado de Direito democrático baseado no postulado da dignidade da pessoa humana e, portanto, na afirmação de que os indivíduos são titulares de direitos fundamentais anteriores e superiores a qualquer forma de organização política, afigura-se ser a mais importante, e daí o natural relevo que o CPTA lhe confere e que também, ao longo da presente exposição, lhe será dedicada ([8]). Mas

---

([5]) A propósito dos projectos que, com ligeiras alterações, estiveram na base das propostas de lei apresentadas à Assembleia da República, escreveu MÁRIO TORRES, "Relatórios de síntese", *Cadernos de Justiça Administrativa* n.º 28, p. 67: "Parece-me consensual o entendimento de que com os projectos por último divulgados, e sem prejuízo dos ajustamentos e das correcções que se vierem a mostrar necessários, se poderá afirmar que finalmente se cumprirá a Constituição relativamente ao novo paradigma de justiça administrativa que ela reclamava desde a sua origem, mas mais acentuadamente após as revisões de 1989 e de 1997".

([6]) Para recorrer às palavras de CARLOS CADILHA, *O Debate Universitário*, p. 252 (CJA n.º 22, p. 65).

([7]) Nesta linha, VIEIRA DE ANDRADE, *A Justiça Administrativa*, 3.ª edição, Coimbra, 2000, p. 67.

([8]) Como reconhece VIEIRA DE ANDRADE, *A Justiça Administrativa*, p. 47, "a evolução da generalidade dos sistemas aponta claramente no sentido de uma sub-

nem por isso ela deixa de ser apenas uma das dimensões da justiça administrativa, ao lado de outra, a dimensão objectiva, de protecção da legalidade e dos interesses públicos, que o CPTA também contempla.

O novo contencioso administrativo português foi estruturado com o objectivo de proporcionar a mais efectiva tutela a quem quer que se lhe dirija. Como claramente resulta, desde logo, do artigo 2.º do CPTA, este objectivo serve, antes de mais, aqueles que se dirijam à justiça administrativa em busca de protecção para os seus direitos e interesses individuais, que aleguem ter sido ou estarem em sério risco de vir a ser ilegitimamente ofendidos. Mas a efectividade da tutela que a justiça administrativa visa proporcionar não tem apenas em vista esta faixa, ainda que larguissimamente maioritária, de destinatários ou utentes. Ela dirige-se a quem quer que esteja legitimado a recorrer ao contencioso administrativo — e daí a significativa relevância das opções em matéria de legitimidade activa. Ora, a legitimidade activa no contencioso administrativo português não sofreu, com a reforma, qualquer tipo de restrição.

Isto resulta, designadamente, da consagração da acção popular para defesa de valores e bens constitucionalmente protegidos (artigo 9.º, n.º 2) e do alargamento do campo de intervenção da acção pública nos domínios das acções relativas a contratos (artigo 40.º, n.º 1, alínea b), e n.º 2, alíneas c) e d)) e de condenação da Administração à prática de actos administrativos ilegalmente omitidos (artigo 68.º, n.º 1, alínea c)).

A legitimidade activa no contencioso de impugnação de actos administrativos, com fundamento na sua ilegalidade, continua, entretanto, a ser definida nos mais amplos termos. Com efeito, e desde logo, a acção pública a desenvolver pelo Ministério Público continua a ser prevista sem quaisquer limitações (cfr. artigos 55.º, n.º 1, alínea b), e 73.º, n.º 3), pelo que, se os casos de exercício da acção pública

---

jectivização da justiça administrativa, tendo em conta a comprovada insuficiência dos modelos objectivistas para assegurar uma protecção judicial efectiva dos direitos dos particulares".

continuarem a ser em número fortemente reduzido, como tem sucedido até aqui, isso poderá dever-se aos critérios restritivos definidos pela Procuradoria-Geral da República ou porventura a razões que se prendam com a ausência de instrumentos eficazes de identificação de situações de ilegalidade lesivas de relevantes interesses públicos, mas não resultará de uma qualquer restrição imposta pelo legislador.

De igual modo, continua a prever-se, nos mais amplos termos, a importantíssima possibilidade de o Ministério Público assumir, no exercício da acção pública, a posição de autor, requerendo a prossecução de qualquer processo que, por decisão ainda não transitada, tenha terminado por desistência ou outra circunstância própria do autor (cfr. artigo 62.º), com o que se evita o risco de "a questão da validade ou invalidade de um acto administrativo [se tornar] num valor jurídico livremente transaccionável de acordo com critérios práticos de composição dos litígios" ([9]).

Ainda no que se refere ao contencioso de impugnação de actos administrativos, continua, entretanto, a prever-se a clássica acção popular autárquica (cfr. artigo 55.º, n.º 2) e a definir-se a legitimidade subjectiva para impugnar por referência à titularidade de um interesse directo e pessoal, que se pode sustentar na lesão de um direito ou interesse legalmente protegido, mas também parece poder ter outra base de sustentação — é o que se afigura resultar da formulação do artigo 55.º, n.º 1, alínea a), que assim parece dar cobertura ao entendimento de que, na nossa ordem jurídica, a legitimidade para impugnar actos administrativos não tem necessariamente de se basear na ofensa de um direito ou interesse legalmente protegido ([10]).

Por outro lado, e também no sentido de que o novo modelo não assenta na clássica perspectiva segundo a qual o contencioso adminis-

---

([9]) Na expressão de CARLOS CADILHA, *O Debate Universitário*, pp. 252-253 (CJA n.º 22, p. 65).

([10]) Nesta linha, cfr. VIEIRA DE ANDRADE, *O dever da fundamentação expressa de actos administrativos,* Coimbra, 1991, pp. 101 segs., e *A Justiça Administrativa,* pp. 69, 86-87 e 221-222; MARCELO REBELO DE SOUSA, *Lições de Direito Administrativo,* vol. I, Lisboa, 1999, p. 99; DIOGO FREITAS DO AMARAL, *Curso de Direito Administrativo,* vol. II, Coimbra, 2001, pp. 68-69.

trativo teria sempre por objecto dirimir litígios entre um particular lesado e um ente público, os diferentes meios processuais consagrados surgem configurados em termos de se adequarem à apreciação e resolução de litígios inter-administrativos ([11]) e, em todo o caso, de litígios em que possam surgir interesses públicos em confronto uns com os outros. Nesta perspectiva, aliás, se compreende, em particular, o modo como nos artigos 112.º, n.º 1, e 120.º são enunciados os pressupostos de que depende a concessão de providências cautelares — com destaque para o apelo à ponderação dos "interesses, públicos e privados, em presença".

De todos estes elementos resulta que o novo contencioso administrativo procura o necessário equilíbrio entre dimensão subjectiva e dimensão objectiva, na certeza de que o aperfeiçoamento do sistema no sentido de proporcionar aos cidadãos a mais efectiva tutela dos seus direitos e interesses em nada contende com o aproveitamento, em paralelo, das "vantagens efectivas associadas aos aspectos objectivistas tradicionais" ([12]), que lhe permitem funcionar (também) como um instrumento de protecção de relevantes interesses públicos. Pelo contrário, do que se trata é de assegurar que o contencioso administrativo proporcione a mais efectiva tutela a quem quer que se lhe dirija — admitindo, entretanto, que não sejam só os indivíduos a poderem dirigir-se à jurisdição administrativa, em defesa dos seus direitos e interesses particulares, mas que também se lhe possam dirigir o Ministério Público, as entidades públicas, as associações cívicas e os próprios cidadãos, *uti cives,* em defesa de interesses públicos, colectivos e difusos.

1.3. Como se estabelece no artigo 2.º da Lei n.º 13/2002, que aprovou o ETAF, as disposições deste diploma não se aplicarão aos processos que estiverem pendentes à data da sua entrada em vigor. E, acrescenta o n.º 2 desse artigo, isso também vale para os recursos

---

([11]) No que se refere ao domínio da impugnação de actos administrativos, cfr., a propósito, VIEIRA DE ANDRADE, *A Justiça Administrativa,* p. 130.

([12]) Cfr. VIEIRA DE ANDRADE, *A Justiça Administrativa,* p. 71.

jurisdicionais: das sentenças que, em primeira instância, vierem a ser proferidas no âmbito desses processos já depois da entrada em vigor do novo ETAF cabe o recurso que a elas fizer corresponder o ETAF de 1984. No mesmo sentido, estabelece o artigo 5.º, n.º 3, da Lei n.º 15/2002, que aprovou o CPTA: "Não são aplicáveis aos processos pendentes as disposições que excluem recursos que eram admitidos na vigência da legislação anterior, tal como também não o são as disposições que introduzem novos recursos que não eram admitidos na vigência da legislação anterior".

Assim, e desde logo, importa realçar que o novo regime das alçadas ([13]) não se aplicará aos processos que se encontrem pendentes à data da entrada em vigor da reforma: todas as sentenças que, nesses processos, forem proferidas em primeira instância serão passíveis de recurso. E o recurso será julgado pelo mesmo tribunal que sempre o apreciaria na ausência do novo ETAF: decisivo para o efeito é saber qual dos ETAF's estava em vigor no momento em que o processo começou em primeira instância, e não saber qual dos ETAF's está em vigor no momento em que o recurso jurisdicional vem a ser interposto. Por conseguinte, as sentenças dos tribunais administrativos de círculo que venham a ser proferidas em processos pendentes à data da entrada em vigor do novo ETAF e que, de acordo com o ETAF de 1984, eram, por exemplo, impugnadas perante o Supremo Tribunal Administrativo, continuam a sê-lo, não podendo ser objecto de recurso para o Tribunal Central Administrativo.

Por seu turno, o artigo 5.º da Lei n.º 15/2002 também determina que as disposições do Código não se aplicarão aos processos pendentes à data da sua entrada em vigor. O referido artigo introduz, porém, duas ressalvas a esta regra, respeitantes à tutela cautelar e à tutela executiva. No que se refere à tutela cautelar, admite, no n.º 2, que sejam requeridas providências cautelares ao abrigo do CPTA, como incidentes de acções já pendentes à data da sua entrada em

---

([13]) O regime de alçadas é introduzido no novo contencioso administrativo pelo artigo 6.º do ETAF — a propósito, cfr. também os artigos 31.º e segs. e 142.º do CPTA.

vigor: todo aquele que tiver um processo pendente no momento em que o CPTA entrar em vigor passa, assim, automaticamente, a poder pedir ao juiz desse processo que, se se preencherem os requisitos que o Código estabelece, determine a adopção de uma das múltiplas providências cautelares, especificadas ou não especificadas, que passam a poder ser concedidas pelos tribunais administrativos.

Por outro lado, no que diz respeito à tutela executiva, o momento decisivo para determinar o regime processual aplicável é, de acordo com o artigo 5.º, n.º 4, da Lei n.º 15/2002, o do recurso à via executiva, e não o do início do processo declarativo. Por conseguinte, a execução das sentenças que, já na vigência do CPTA, venham a ser proferidas no âmbito de processos que se encontravam pendentes à data em que ele entrou em vigor, rege-se pelo novo regime do CPTA.

I
ASPECTOS ESTRUTURAIS: O NOVO ETAF

2. Âmbito da jurisdição administrativa

2.1. Como foi referido, a *constitucionalização*, com a revisão de 1989, da jurisdição administrativa como o complexo de tribunais incumbidos de "dirimir os litígios emergentes das relações jurídicas administrativas" (artigo 212.° da CRP) conferiu-lhe um estatuto diferente daquele que, até então, lhe correspondia e que se encontrava plasmado no artigo 4.° do anterior ETAF, de 1984.

Na verdade, o artigo 4.° do ETAF de 1984 assentava numa perspectiva subalternizadora da jurisdição administrativa, incumbida de decidir as questões cuja apreciação não fosse atribuída por lei à competência de outros tribunais. Essa perspectiva tinha uma razão de ser e assentava em raízes profundas. Durante o Estado Novo, o entendimento dominante na doutrina era o de que os tribunais administrativos não eram verdadeiros tribunais, não estavam integrados no Poder Judicial, em ligação com o Ministério da Justiça. Eram órgãos independentes pertencentes ao universo da Administração Pública. Por conseguinte, a apreciação de questões de natureza administrativa que contendessem com valores considerados mais importantes para os particulares era reservada à competência dos tribunais judiciais, ditos *comuns*, os únicos verdadeiros tribunais e, por isso, o único garante das liberdades e da propriedade perante o Poder.

Após a transformação, com a instituição do regime democrático, dos tribunais administrativos em verdadeiros tribunais, também eles integrados no Poder Judicial e constituídos por magistrados que, de resto, ou são magistrados judiciais ou são magistrados do Ministério Público, todos eles em comissão de serviço na jurisdição administrativa, os pressupostos objectivos que justificavam esta atitude entraram em crise. Mas o preconceito persistiu, sobrevivendo até aos nossos dias — para o que contribuiu a circunstância de, ao longo de todos estes anos, não ter sido empreendida a indispensável reforma de fundo do contencioso administrativo que, alargando o número dos tribunais administrativos de círculo, os aproximasse das populações, e modernizando (democratizando) as regras do processo, eliminasse de vez os múltiplos obstáculos que sempre dificultaram o acesso dos cidadãos à justiça administrativa.

Nesta perspectiva de aproximação às populações se compreende a continuação da atribuição aos tribunais judiciais da competência para arbitrar as indemnizações por expropriação e determinar a adjudicação do bem ao titular do direito de reversão. Na mesma óptica se compreende a atribuição aos tribunais judiciais do contencioso das contra-ordenações, bem como, de uma maneira geral, o vasto elenco de disposições avulsas que, sem qualquer explicação aparente, atribuem aos tribunais judiciais (ou *comuns*) o poder de dirimir litígios materialmente administrativos ([14]).

2.2. A *constitucionalização* da jurisdição administrativa, como um complexo de tribunais com um âmbito genérico de competências no domínio dos litígios materialmente administrativos, veio alterar os dados do problema.

([14]) A propósito dos exemplos indicados no texto, como também do regime respeitante à revalidação de actos notariais e do suprimento das omissões do registo ou da sua reconstituição avulsa, cfr. CARLA AMADO GOMES, *Contributo para o estudo das operações materiais da Administração Pública,* Coimbra, 1999, pp. 336-337. Cfr. ainda o exemplo do artigo 45.º da Lei de Bases do Ambiente (Lei n.º 11/87, de 7 de Abril): sobre a nova redacção que o artigo 6.º da Lei n.º 13/2002 vem dar a este preceito, cfr. *infra,* 2.3; e o exemplo do artigo 259.º, n.º 2, do Decreto-Lei n.º 59/99, de 2 de Março, no que se refere à execução das decisões do tribunal arbitral no domínio dos contratos de empreitada de obras públicas: sobre a nova redacção que o artigo 3.º da Lei n.º 13/2002 vem dar a este preceito, cfr. também *infra,* 2.3.

Parece indiscutível que a referida *constitucionalização* exprime uma clara opção no sentido da *valorização* da justiça administrativa, que pela primeira vez é tratada como uma jurisdição de corpo inteiro, formalmente colocada em posição de paridade com a jurisdição dos tribunais judiciais: confronte-se, nesse sentido, o teor dos artigos 210.° e 212.° da CRP e também o dos números 1 e 2 do artigo 217.°.

Desta opção constitucional decorrem, quanto a nós, diversas consequências do maior alcance, umas mais óbvias do que outras. Para os efeitos que aqui nos interessam, apenas referiremos duas.

a) A mais óbvia parece ser a que se prende com a redefinição dos critérios de delimitação do âmbito da jurisdição administrativa, designadamente no confronto com a jurisdição dos tribunais judiciais. A opção constitucional em análise aponta claramente no sentido de que o âmbito da jurisdição administrativa não pode continuar a ser definido em termos residuais, como correspondendo à apreciação das questões cuja competência não seja atribuída por lei a outras ordens de tribunais, mas pela positiva.

Mais do que isso, a orientação é, a nosso ver, no sentido de que, tendencialmente, a apreciação jurisdicional das questões materialmente administrativas não deve ser subtraída aos tribunais administrativos para ser atribuída à competência de outras ordens de tribunais. Depois, tudo dependerá da existência de condições objectivas que permitam a concretização deste propósito. Se a jurisdição administrativa for dotada dos meios que lhe permitam desempenhar cabalmente a sua função, sem diminuição de garantias e da efectividade das decisões, nada parece justificar a introdução de desvios ao seu poder de dirimir os litígios de natureza administrativa.

b) Uma segunda consequência, menos óbvia, parece ser a de que a *constitucionalização* da jurisdição administrativa como a sede própria para a resolução dos litígios emergentes das relações jurídicas administrativas exige do Estado a criação das condições necessárias ao progressivo alargamento do âmbito da jurisdição administrativa. Se a jurisdição administrativa for estruturada em termos adequados, for dotada do número necessário de tribunais e dos meios processuais indispensáveis, estarão reunidas as condições para que todos os litígios jurídico-administrativos possam ser submetidos, sem reservas, à sua apreciação.

A cabal concretização da opção constitucional exige, pois, uma actuação no sentido do reforço das estruturas da jurisdição administrativa, de modo a poder cobrir todo o universo dos litígios jurídico-administrativos. E um dos aspectos mais relevantes, do ponto de vista estrutural, desta reforma prende-se, precisamente, com o facto de ela ter assentado em estudos de redimensionamento dirigidos à indispensável criação de uma verdadeira rede de tribunais administrativos, digna desse nome, espalhada pelo território nacional e, assim, capaz de assegurar uma maior proximidade da justiça administrativa em relação ao cidadão. A instalação desta rede constitui, pois, um imperativo constitucional, absolutamente indispensável à efectivação da reforma.

Como é evidente, trata-se ainda de um primeiro passo, num sistema extremamente centralizado, dotado de dois tribunais centrais, sediados em Lisboa, com um amplo leque de competências (o Supremo Tribunal Administrativo e o Tribunal Central Administrativo), e de apenas três tribunais administrativos de círculo efectivamente instalados no território do continente, sediados em Lisboa, no Porto e em Coimbra. E, portanto, de um passo ainda necessariamente incapaz de dar a adequada resposta ao desígnio constitucional.

As insuficiências de que ainda padece a rede de tribunais administrativos a resultar da reforma explicam a opção que desde o início foi tomada de não se estender o âmbito da jurisdição administrativa ao contencioso das contra-ordenações. Com efeito, a sua inclusão no âmbito da jurisdição administrativa só parece poder ser equacionada num contexto em que já esteja instalada por todo o território nacional e a funcionar em velocidade de cruzeiro uma rede de tribunais administrativos capaz de dar a adequada resposta, sem o risco de gerar disfuncionalidades no sistema.

Nas propostas de lei que o Governo apresentou à Assembleia da República, era preconizada a extensão do âmbito da jurisdição admi-

Grandes Linhas da Reforma do Contencioso Administrativo 29

nistrativa à atribuição das indemnizações decorrentes da imposição de sacrifícios por razões de interesse público, designadamente de expropriações por utilidade pública. Tratava-se, como bem se compreende, de uma inovação de decisivo alcance para a afirmação da jurisdição administrativa como a sede própria para a resolução das questões "emergentes das relações jurídicas administrativas" [15]. Esta solução tinha, no entanto, um custo evidente, que era o da menor proximidade da justiça em relação ao cidadão, que resultava do facto de o tribunal competente deixar de ser o tribunal da comarca da localização dos bens. O receio dos custos sociais que daqui adviriam, sobretudo para as populações do interior, em relação às quais os tribunais administrativos, mesmo após a reforma, continuarão em muitos casos a estar localizados a uma distância excessiva, terá sido determinante para o abandono da solução.

Em ambos os domínios, afiguram-se atendíveis os fundamentos dos desvios mantidos em relação àquele que é o campo próprio de intervenção dos tribunais administrativos. Sem prejuízo de se reafirmar que, a partir do momento em que se considerem criadas as condições que permitam ao contencioso administrativo desempenhar cabalmente a sua função, não se justificará a manutenção de desvios como estes ao seu poder de dirimir os litígios de natureza administrativa. E que a Constituição exige do legislador um esforço continuado, no futuro, no sentido de dotar a jurisdição administrativa dos meios que lhe permitam cobrir todo o universo dos litígios jurídico- -administrativos, sem necessidade de atribuir a sua apreciação aos tribunais judiciais [16].

---

[15] Defendendo a solução, cfr. VIEIRA DE ANDRADE, *O Debate Universitário*, pp. 54 e 108 (CJA n.º 22, p. 13); FAUSTO DE QUADROS, *O Debate Universitário*, pp. 156- -157; COLAÇO ANTUNES, *Para um Direito Administrativo de garantia do cidadão e da Administração*, Coimbra, 2000, p. 69.

[16] Neste sentido, cfr. MÁRIO TORRES, "Relatórios de síntese", *Cadernos de Justiça Administrativa* n.º 16, pp. 89-90, e "A reforma do contencioso administrativo: Que metodologia?", p. 5. Cfr. também, por exemplo, C. AMADO GOMES, *op. cit.*, p. 339.

2.3. Brevemente enunciadas aquelas que, do nosso ponto de vista, são as principais consequências a extrair da *constitucionalização* da jurisdição administrativa operada em 1989, refira-se que o novo ETAF procede, no seu artigo 4.º, a um alargamento do âmbito da jurisdição administrativa, que, ao longo do ano de 2002, deverá ser necessariamente acompanhado, como foi referido, por um importante esforço dirigido à concomitante criação das estruturas necessárias.

Os tribunais administrativos passam, assim, a ser competentes nos novos domínios que de seguida se passam a enunciar:

1.º — Fiscalização da legalidade dos actos materialmente administrativos praticados por órgãos não administrativos do Estado ou das Regiões Autónomas, o que inclui a generalidade dos actos materialmente administrativos praticados pelos tribunais judiciais, cuja apreciação era, até agora, excluída do âmbito da jurisdição administrativa (artigo 4.º, n.º 1, alínea c)). Infelizmente, permanece, porém, afastada a apreciação dos actos materialmente administrativos praticados pelo Presidente do Supremo Tribunal de Justiça, pelo Conselho Superior da Magistratura e pelo seu Presidente, cuja apreciação, embora, do ponto de vista substantivo, pertença sem sombra de dúvida ao objecto da jurisdição administrativa, tal como ele se encontra constitucionalmente definido, o legislador entendeu dever continuar a reservar ao Supremo Tribunal de Justiça: cfr. artigo 4.º, n.º 3, alíneas b) e c).

É, entretanto, naturalmente excluída do âmbito da jurisdição administrativa a impugnação dos actos praticados no exercício de outras funções, que não a função administrativa: artigo 4.º, n.º 2.

2.º — Processos intentados contra entidades públicas que se dirijam a promover a prevenção, a cessação ou a perseguição judicial de infracções cometidas contra valores e bens constitucionalmente protegidos como a saúde pública, o ambiente, o urbanismo, o ordenamento do território, a qualidade de vida, o património cultural e os bens do Estado, das Regiões Autónomas e das autarquias locais: artigo 4.º, n.º 1, alínea l).

Esta solução assume especial relevo em matéria ambiental, sobretudo quando relacionada com a nova redacção que o artigo 6.º da Lei n.º 13/2002 vem, entretanto, dar ao artigo 45.º da Lei de Bases do Ambiente (Lei n.º 11/87, de 7 de Abril).

Como é sabido, o artigo 45.º da Lei de Bases do Ambiente, ao determinar a jurisdição competente para a apreciação de processos em questões ambientais, remetia a matéria, em bloco, para a jurisdição comum (entenda-se: para os tribunais judiciais). A solução, claramente tributária da já atrás criticada atitude tradicional de menorização da jurisdição administrativa, foi sendo, porém, crescentemente posta em causa. Na verdade, ela não se compaginava com a já referida *constitucionalização* da jurisdição administrativa, introduzida em 1989 com o alcance de que atrás se procurou dar conta. Mas, mais importante do que isso, tanto menos se compaginava a partir do momento em que a Lei n.º 83/95, de 31 de Agosto, veio instituir uma acção popular administrativa, susceptível de ser utilizada em defesa de valores ambientais no âmbito de relações jurídico-administrativas. Pelas razões expostas, a jurisprudência tem entendido que o artigo 45.º da Lei de Bases do Ambiente se encontrava parcialmente derrogado, no sentido de que, sempre que se suscitassem questões ambientais no âmbito de relações jurídico-administrativas, a competência para dirimir essas questões pertenceria à jurisdição administrativa e não aos tribunais judiciais ([17]).

Com a reforma do contencioso administrativo, o quadro da situação altera-se a dois níveis.

Por um lado, o artigo 6.º da Lei n.º 13/2002 vem reformular por completo o artigo 45.º da Lei de Bases do Ambiente, que deixa de se pronunciar sobre qual a jurisdição competente para a apreciação de processos em matéria ambiental e passa, pelo contrário, a deixar a questão em aberto, reservando-a para a sede própria, que são as leis de processo — em primeira linha, o ETAF. Em contrapartida, incorpora

---

([17]) Cfr. Acórdão do Tribunal dos Conflitos de 11.1.2000, Conflito n.º 343, com anotação concordante de MIGUEL TEIXEIRA DE SOUSA, in *Cadernos de Justiça Administrativa* n.º 23, pp. 20 segs. Na mesma linha, cfr. também, entretanto, em matéria cautelar, o Acórdão do Tribunal dos Conflitos de 18.11.2000, Conflito n.º 345.

a previsão da acção popular em matéria ambiental, a exercer "nos termos previstos na lei", desse modo remetendo também a disciplina processual para a sede própria — que, neste caso, é a já referida Lei n.º 83/95, de 31 de Agosto.

No que entretanto diz respeito à determinação da jurisdição competente para a resolução de litígios de natureza ambiental, a matéria passa a ser regulada pelo já mencionado artigo 4.º, n.º 1, alínea l), do ETAF. Recorde-se que o ponto de partida era o já referido entendimento segundo o qual a competência seria dos tribunais judiciais ou dos tribunais administrativos, consoante se entendesse que o litígio emergia de uma relação jurídico-privada ou de uma relação jurídico-administrativa. Inspirado pelo mesmo propósito de simplificação de critérios que preside, como adiante se verá, à solução consagrada na alínea g), no domínio da responsabilidade civil extracontratual da Administração, o preceito adopta, pelo contrário, o critério (objectivo) da natureza da entidade demandada: sempre que esteja em causa a actuação de uma entidade pública, o litígio deve ser suscitado perante os tribunais administrativos. Ao prescindir, deste modo, de um critério material ou qualitativo de delimitação, a solução consagrada tem, assim, e a exemplo do que sucede em matéria de responsabilidade civil, o alcance de ampliar o âmbito das questões que, também no domínio dos litígios em matéria ambiental, passam a dever ser deduzidas perante a jurisdição administrativa ([18]).

3.º — É formalmente consagrada, em termos inequívocos, no artigo 4.º, n.º 1, alínea m), a competência dos tribunais administrativos para os processos de execução das sentenças por si próprios proferidas, acabando com as ambiguidades até aqui existentes.

Como é sabido, o artigo 74.º da LPTA afastava a competência dos tribunais administrativos para procederem à execução para pagamento de quantia certa das sentenças de condenação que eles pró-

---

([18]) Cabem, aliás, no artigo 4.º, n.º 1, alínea l), as situações em que as infracções cometidas pelas entidades públicas sejam fonte de responsabilidade civil dessas entidades pelos danos que possam resultar da sua actuação lesiva.

Grandes Linhas da Reforma do Contencioso Administrativo 33

prios tivessem pronunciado. Tal solução, explicável numa perspectiva histórica, já não faz hoje sentido. E a mais recente jurisprudência dos tribunais administrativos tem recusado a sua aplicação, com fundamento na inconstitucionalidade orgânica do referido preceito, e reconhecido que os processos de execução para pagamento de quantia certa das sentenças de condenação proferidas pelos tribunais administrativos correm nesses mesmos tribunais ([19]). É isto mesmo que o artigo 4.º, n.º 1, alínea m), do ETAF vem deixar claro.

Na mesma linha se inscreve, entretanto, a alteração que o artigo 3.º da Lei n.º 13/2002 vem introduzir na redacção do artigo 259.º, n.º 2, do Decreto-Lei n.º 59/99, de 2 de Março, no que se refere à execução das decisões do tribunal arbitral no domínio dos contratos de empreitada de obras públicas, passando a referir-se expressamente à "competência dos tribunais administrativos para a execução das obrigações do empreiteiro".

4.º — Embora tal não resulte do articulado do ETAF, o âmbito da jurisdição administrativa é ainda ampliado ao poder de proceder à adjudicação do bem que tinha sido expropriado, quando haja lugar à sua reversão. A inovação resulta da alteração que o artigo 5.º da Lei n.º 13/2002 vem introduzir na redacção dos artigos 74.º e 77.º do Código das Expropriações (aprovado pela Lei n.º 168/99, de 18 de Setembro).

Por força dessa alteração, quando o proprietário do bem que tinha sido expropriado ficar constituído no direito de reversão e a Administração a autorizar, o pedido de adjudicação pode ser deduzido através da propositura de uma acção administrativa comum junto do tribunal administrativo de círculo da situação do prédio ou da sua maior extensão (artigo 77.º, n.º 1). Se a Administração não autorizar

---

([19]) Sobre todo este assunto, cfr. MÁRIO AROSO DE ALMEIDA, "Execução de sentenças", in *Seminário permanente de Direito Constitucional e Administrativo,* vol. I, Braga, 1999, pp. 90 segs. E, por todos, o Acórdão do STA de 14.11.1996, Proc. n.º 37 427, com anotação de J. ROBIN DE ANDRADE, in *Cadernos de Justiça Administrativa* n.º 5, p. 13.

a reversão, o interessado pode fazer valer o direito de reversão no prazo de um ano, mediante acção administrativa comum a propor no tribunal administrativo de círculo da situação do prédio ou da sua maior extensão (artigo 74.º, n.º 4). No âmbito dessa acção, o interessado deve cumular, desde logo, o pedido de adjudicação, que o tribunal apreciará no caso de julgar fundado o direito de reversão (artigo 74.º, n.º 5).

Mais detida referência merecem, entretanto, as inovações introduzidas em matéria de responsabilidade civil e de contratos. Serão, por isso, objecto de atenção autónoma no ponto seguinte.

2.4. São conhecidas as proverbiais dificuldades que coloca a delimitação do âmbito da jurisdição administrativa em matéria de responsabilidade civil e de contratos, baseada na aplicação dos critérios de distinção (de contornos desde sempre imprecisos) entre *actuações de gestão pública* e *actuações de gestão privada* e entre *contratos administrativos* e *contratos de direito privado* da Administração. Não são, por isso, raras as situações em que, vários anos decorridos desde a data em que o interessado pela primeira vez se dirigiu ao tribunal, jurisdição administrativa e jurisdição comum ainda não se entenderam quanto à questão de saber a qual das duas cumpre decidir o litígio.

Nas propostas de lei que o Governo apresentou à Assembleia da República, foi assumido o propósito de pôr termo a essas dificuldades, consagrando um critério claro e objectivo de delimitação nestes dois domínios. A exemplo do que, como vimos, acabou por suceder em matéria ambiental, o critério em que as propostas se basearam foi o critério objectivo da natureza da entidade demandada: sempre que o litígio envolvesse uma entidade pública, por lhe ser imputável o facto gerador do dano ou por ela ser uma das partes no contrato, esse litígio deveria ser submetido à apreciação dos tribunais administrativos. Propunha-se, assim, que a jurisdição administrativa passasse a ser competente para a apreciação de todas as questões de responsabilidade civil que envolvessem pessoas colectivas de direito público, independentemente da questão de saber se tais questões se regem por um regime de direito público ou por um regime de direito privado, bem

Grandes Linhas da Reforma do Contencioso Administrativo

como para a apreciação de todas as questões relativas a contratos celebrados por pessoas colectivas de direito público, independentemente da questão de saber se tais contratos se regem por um regime de direito público ou por um regime de direito privado [20].

Em defesa desta solução, sustentava-se na Exposição de Motivos do ETAF que, se a Constituição faz assentar a definição do âmbito da jurisdição administrativa num critério substantivo, centrado no conceito de "relações jurídicas administrativas e fiscais", a verdade é que ela "não erige esse critério num dogma", porquanto "não estabelece uma reserva material absoluta". Por conseguinte, "a existência de um modelo típico e de um núcleo próprio da jurisdição administrativa e fiscal não é incompatível com uma certa liberdade de conformação do legislador, justificada por razões de ordem prática, pelo menos quando estejam em causa domínios de fronteira, tantas vezes de complexa resolução, entre o direito público e o direito privado" [21].

O artigo 4.º do ETAF só veio a consagrar, no essencial, estas propostas no domínio da responsabilidade civil extracontratual. Já não no que toca aos litígios emergentes de relações contratuais. Vejamos em que termos passou, pois, a questão a ser resolvida, em cada um destes domínios.

---

[20] Defendendo claramente a solução, cfr. FREITAS DO AMARAL, *O Debate Universitário,* p. 93; RUI MACHETE, *Idem,* pp. 144-147, no que se refere à matéria da responsabilidade civil extracontratual; MARIA JOÃO ESTORNINHO, "Contencioso dos contratos da Administração Pública", in *Cadernos de Justiça Administrativa* n.º 16 e n.º 24, e COLAÇO ANTUNES, *op. cit.,* p. 73, no que se refere à matéria dos contratos da Administração.

[21] Para a exposição doutrinal desta linha argumentativa, cfr. SÉRVULO CORREIA, "A arbitragem voluntária no domínio dos contratos administrativos", in *Estudos em memória do Professor Doutor João de Castro Mendes,* Lisboa, 1995, p. 254; VIEIRA DE ANDRADE, *A Justiça Administrativa,* pp. 25 segs.; MÁRIO TORRES, "A reforma do contencioso administrativo: Que metodologia?", pp. 4-5, e "Relatórios de síntese", *Cadernos de Justiça Administrativa* n.º 16, p. 90, com a ilustração das vantagens que resultariam da concentração de competências na jurisdição administrativa.

2.4.1. Responsabilidade civil extracontratual

a) Sem prejuízo de algumas restrições, pode afirmar-se que os tribunais administrativos passam a ser competentes para dirimir todas as questões de responsabilidade civil extracontratual que envolvam pessoas colectivas de direito público, não só por danos resultantes do exercício da função administrativa, mas também por danos resultantes do exercício das funções legislativa e judicial, bem como as que envolvam a responsabilidade dos titulares de órgãos, funcionários, agentes e demais servidores públicos, incluindo acções de regresso contra si intentadas pelas entidades públicas às quais prestam serviço: cfr. artigo 4.º, n.º 1, alíneas g) e h), do ETAF.

a.a) Compete, assim, à jurisdição administrativa apreciar todas as questões de responsabilidade civil extracontratual da Administração Pública, independentemente da questão de saber se essa responsabilidade emerge de uma *actuação de gestão pública* ou de uma *actuação de gestão privada:* a distinção deixa de ser relevante, para o efeito de determinar a jurisdição competente, que passa a ser, em qualquer caso, a jurisdição administrativa.

Refira-se, a propósito, que o ETAF não faz aqui qualquer opção de natureza substantiva, dirigida a afastar a existência, no plano substantivo, de regimes diferenciados de responsabilidade da Administração, como aquele que tradicionalmente parte da distinção entre actos de gestão pública e actos de gestão privada. O ETAF limita-se apenas a abandonar este tipo de distinções, renunciando a utilizá-lo como critério de delimitação do âmbito das jurisdições. Quanto ao resto, a questão já não é processual, mas de direito substantivo, e sobre ela a lei do contencioso administrativo não toma posição.

a.b) Também é atribuída à jurisdição administrativa a competência para apreciar as questões de responsabilidade emergentes do exercício da função legislativa, por ainda envolver "a aplicação de um regime de direito público, respeitante a questões relacionadas com o exercício de poderes públicos" ([22]).

a.c) É, enfim, atribuída à jurisdição administrativa a competência para apreciar as questões de responsabilidade resultantes do (mau) funcionamento da administração da justiça. É, no entanto, excluída a apreciação das questões de responsabilidade por erro judiciário cometido por tribunais pertencentes a outras ordens de jurisdição, bem como das acções de regresso contra magistrados que daí decorram: artigo 4.º, n.º 3, alínea a).

No que a este último ponto se refere, convirá ter presente que, na sequência de Acórdão nesse sentido proferido pelo Tribunal dos Conflitos ([23]), o Supremo Tribunal Administrativo vinha-se orientando no sentido de distinguir os casos de responsabilidade fundada na imputação de um facto ilícito ao juíz no exercício da sua função jurisdicional (na sua função de julgar), daqueles em que o facto ilícito fosse imputado a um órgão da administração judiciária no exercício de actividade estranha à função de julgar, ou ao serviço globalmente considerado, sem individualização de um agente concretamente responsável, para o efeito de só admitir a competência dos tribunais administrativos no segundo caso ([24]).

A nosso ver, o novo ETAF, pelo contrário, incumbe os tribunais administrativos de apreciarem todas as questões de responsabilidade que possam decorrer da actuação dos magistrados, com a única res-

---

([22]) Da Exposição de Motivos do ETAF. Defendendo a solução, cfr. JORGE MIRANDA, *O Debate Universitário*, p. 290 (CJA n.º 24, p. 8); RUI MACHETE, *O Debate Universitário*, p. 150; RUI MEDEIROS, "Brevíssimos tópicos para uma reforma do contencioso da responsabilidade", *Cadernos de Justiça Administrativa* n.º 16, pp. 33--36, com outros argumentos.

([23]) Cfr. Acórdão de 12.5.1994, Conflito n.º 266, *Apêndices ao Diário da República* de 30.4.1996, p. 17.

([24]) Para o ponto da situação, com amplas referências jurisprudenciais, cfr. "Informação de Jurisprudência", *Cadernos de Justiça Administrativa* n.º 24, pp. 61-63. Em sentido crítico, RUI MEDEIROS, "Brevíssimos tópicos...", pp. 34-35.

salva do juízo sobre a verificação de erro judiciário: neste caso, a jurisdição administrativa só será competente se o erro tiver sido cometido no âmbito dessa jurisdição. Com a única excepção da responsabilidade por erro judiciário, ressalvada pelo artigo 4.º, n.º 3, alínea a), não se deixa, pois, de atribuir à jurisdição administrativa a apreciação dos demais casos de responsabilidade que possam decorrer, nos outros planos da sua actuação, da ilegítima actuação dos magistrados, enquanto agentes da administração da justiça — designadamente, e desde logo, no que se prende com a eventual morosidade na prática de actos processuais.

b) No que se refere à responsabilidade civil extracontratual de sujeitos privados, estabelece o artigo 4.º, n.º 1, alínea i), que a jurisdição administrativa só é competente para a apreciar quando a esses sujeitos for aplicável o regime específico da responsabilidade do Estado e demais pessoas colectivas de direito público. No que se refere às pessoas colectivas de direito privado, continua, pois, a ser relevante, para o efeito de determinar se um litígio é da competência dos tribunais administrativos ou dos tribunais comuns, saber se o facto constitutivo da responsabilidade se encontra ou não submetido à aplicação de um regime específico de direito público.

Refira-se que a remissão, que já na proposta de lei era feita, neste domínio, para o regime da responsabilidade do Estado e demais pessoas colectivas de direito público, assentava no pressuposto de que o Decreto-Lei n.º 48 051 iria ser substituído por um novo diploma, que expressamente determinaria os termos e condições de que haveria de depender a sua aplicabilidade a entidades privadas — designadamente às chamadas *entidades públicas sob formas privadas* (ou *entidades privadas de mão pública)*, que, para estes efeitos, faz, a nosso ver, sentido equiparar, em maior ou menor medida, às entidades públicas. Na ausência de disposições de direito substantivo que prevejam a aplicação do regime específico da responsabilidade do Estado e demais pessoas colectivas de direito público a entidades privadas, parece que a previsão do artigo 4.º, n.º 1, alínea i), do ETAF permanecerá sem alcance prático: os tribunais administrativos não serão competentes para apreciar a responsabilidade de entidades privadas por não haver norma que submeta essas entidades ao regime da responsabilidade civil extra-contratual das entidades públicas.

E repare-se que esta questão não depende daquela que, já no plano do direito substantivo, diz respeito a saber se um novo diploma que venha regular a responsabilidade civil extracontratual do Estado e demais entidades públicas deve continuar a reportar-se a apenas uma parte da actividade destas entidades, a qualificar como *de gestão pública,* para o efeito de ser submetida a um regime específico de direito público, ou se, pelo contrário, a tradicional contraposição entre actuações de gestão pública e actuações de gestão privada das entidades públicas deve ser, para este efeito, abandonada, devendo toda a actividade dessas entidades obedecer a um único regime de responsabilidade. Pois ainda que, no plano substantivo, se venha a optar por esta última via, sempre será de equacionar — e porventura de sustentar — que certas entidades (formalmente) privadas devem ser equiparadas a entidades públicas, para o efeito de serem sujeitas ao regime específico de responsabilidade a que estas últimas se encontram submetidas.

2.4.2. *Relações contratuais*

De acordo com a proposta de lei que o Governo tinha apresentado na Assembleia da República, os tribunais administrativos seriam competentes para dirimir as questões relativas à interpretação, validade e execução de todos os contratos celebrados por pessoas colectivas de direito público, independentemente da questão de saber se os contratos se regiam por disposições específicas de direito público — questão que, no que se refere aos contratos celebrados por pessoas colectivas de direito público, deixaria, portanto, de ser relevante, para o efeito de determinar se a competência pertence aos tribunais administrativos ou aos tribunais comuns.

Já no que se refere às questões respeitantes à validade de actos pré-contratuais e à interpretação, validade e execução de contratos celebrados entre entidades de direito privado, interessaria saber se a lei submetia o contrato a um regime contratual ou a um procedimento pré-contratual específicos de direito público, pois só neste caso é que a competência pertenceria aos tribunais administrativos. Este seria o modo de estender o campo da intervenção da jurisdição administrativa à apreciação dos litígios emergentes de relações contratuais que envolvessem as já faladas entidades públicas sob formas privadas, circunscrevendo essa apreciação às questões emergentes de relações jurídicas susceptíveis de serem qualificadas como *administrativas*. Como, em princípio, os litígios emergentes de contratos celebrados entre entidades privadas não têm especificidades que justifiquem retirá-los do âmbito de competência dos tribunais judiciais, tratava-se, deste modo, de exigir que a relação contratual apresentasse alguma especificidade de natureza administrativa, apta a justificar que a resolução dos litígios que dela pudessem emergir fosse da competência dos tribunais administrativos.

O argumento da eventual desconformidade da solução da transferência em bloco para a jurisdição administrativa da apreciação de todos os litígios emergentes de contratos celebrados por entidades públicas, com o disposto no artigo 212.º, n.º 3, da CRP, que circunscreve o objecto da jurisdição administrativa à resolução de questões emergentes de relações jurídicas administrativas ([25]) e as concomitantes resistências ao facto de, por essa via, se transferir para a jurisdição

---

([25]) A nosso ver, o alargamento do âmbito da jurisdição administrativa que resultaria da transferência para ela da apreciação dos litígios emergentes de todas as relações contratuais que envolvessem pessoas colectivas de direito público não se afigurava, contudo, desconforme com o disposto no artigo 212.º, n.º 3, da CRP. Na verdade, reconheça-se, desde logo, o reduzido significado que, em termos numéricos, essa transferência de competências teria para a jurisdição comum: os litígios que, desse modo, passariam para a competência da jurisdição administrativa representam uma gota no oceano das atribuições da jurisdição comum. Por outro lado, existiam razões objectivas que justificavam cabalmente a solução e que decorriam do princípio constitucional da efectividade da tutela jurisdicional. Parecem, na verdade, inegáveis os benefícios que, desse ponto de vista, resultariam da eliminação dos conflitos negativos de competência entre a jurisdição comum e a jurisdição administrativa que, neste domínio, se geram, dificultando a obtenção em tempo razoável de uma decisão sobre o mérito das causas.

administrativa a apreciação de relações jurídicas que, em muitos casos, só se distinguiriam pelo facto de terem como parte uma entidade pública, terão levado o legislador a procurar outro caminho, que se afigura legítimo qualificar como um caminho de meio termo, e que resulta do disposto no artigo 4.°, n.° 1, alíneas e) e f), do ETAF.

Com efeito, embora sem querer avançar para a solução mais radical e inovadora da uniformização no plano contencioso e preferindo, portanto, manter a dicotomia tradicional em termos de competência contenciosa em matéria de contratação pública, o legislador do ETAF procurou, ainda assim, corresponder à reconhecida necessidade de obviar às dificuldades práticas que tradicionalmente se colocavam a propósito da delimitação do âmbito do foro judicial e do foro administrativo, tentando identificar com maior grau de precisão do que até aqui acontecia o universo dos contratos cujo contencioso ficaria sujeito aos tribunais administrativos ([26]). Lançando mão, para o efeito, de um duplo critério.

a) Em primeiro lugar, o critério do procedimento pré-contratual. E neste sentido, o artigo 4.°, n.° 1, alínea e), confere à jurisdição administrativa o poder de apreciar as questões relativas à interpretação, validade e execução dos contratos a respeito dos quais exista lei que expressamente os submeta, ou admita que eles possam ser submetidos, a um procedimento pré-contratual específico de direito público.

Com este primeiro critério, foi o legislador do ETAF ao encontro de um argumento invocado na doutrina e reiterado durante a discussão pública: o de que, por impulso do direito comunitário, o nosso ordenamento jurídico tende a submeter diversos tipos contratuais a regras específicas de procedimento pré-contratual, independentemente da qualificação desses contratos, segundo os cânones tradi-

---

([26]) Era sensivelmente nestes termos que, embora céptica quanto à possibilidade de um tal *caminho de meio termo* poder conduzir a bom porto, Maria João Estorninho se pronunciava sobre as alternativas possíveis, a não se querer avançar para o (preferível) caminho da unificação do contencioso da contratação pública nos tribunais administrativos: cfr. "Contencioso dos contratos da Administração Pública", in *Cadernos de Justiça Administrativa* n.° 16, pp. 30-31, e n.° 24, p. 13.

cionais, como contratos privados ou como contratos administrativos — regras específicas que não podem deixar de ser qualificadas como de direito público, uma vez que têm em vista contratos celebrados por entidades que gerem recursos públicos para a satisfação de necessidades colectivas. Ora, as razões que levaram o ordenamento jurídico a submeter a celebração de certos tipos de contratos, celebrados por esse tipo de entidades, a um regime pré-contratual comum de direito público, justificam a atribuição à jurisdição administrativa da competência para dirimir os litígios que possam surgir no âmbito das respectivas relações contratuais (27).

E repare-se que tanto podem estar aqui em causa contratos celebrados por pessoas colectivas de direito público, como contratos celebrados por entidades públicas sob formas privadas, entidades privadas de mão pública que, por determinação comunitária, também estão obrigadas às regras de direito público em matéria de procedimentos pré-contratuais. Compete, assim, aos tribunais administrativos apreciar a conformidade com essas regras dos actos pré-contratuais, designadamente da adjudicação, que essas entidades, nesse contexto, pratiquem (cfr., a propósito, artigos 100.º, n.º 3, e 132.º, n.º 2, do CPTA), bem como dirimir os litígios que possam surgir a propósito dos correspondentes contratos (28).

b) Em segundo lugar, o critério do regime substantivo. E neste sentido, o artigo 4.º, n.º 1, alínea f), confere à jurisdição administrativa o poder de apreciar as questões relativas à interpretação, validade e execução de contratos de objecto passível de acto administrativo, de contratos especificamente a respeito dos quais existam normas de direito público que regulem aspectos do respectivo regime substan-

---

(27) A posição foi reiterada por MARIA JOÃO ESTORNINHO, no âmbito da discussão pública sobre a reforma do contencioso administrativo, em "Contencioso dos contratos da Administração Pública", *Cadernos de Justiça Administrativa* n.º 24, p. 12.

(28) Refira-se, *a latere,* que a estes contratos é, assim, designadamente aplicável o novo regime do artigo 40.º do CPTA, que estende a terceiros eventualmente preteridos a legitimidade para arguir a invalidade de contratos que resulte da infracção de regras relativas ao procedimento pré-contratual.

tivo, ou de contratos que as partes tenham expressamente submetido a um regime substantivo de direito público.

Com este segundo critério, procurou o legislador do ETAF densificar o conceito de contrato administrativo, aparentemente incontornável num sistema que continue a apostar na bipartição de competências, em matéria contratual, entre a jurisdição comum e a jurisdição administrativa. Nesta perspectiva se faz, em primeira linha, óbvia referência aos contratos de objecto passível de acto administrativo ([29]), bem como se recorre ao clássico critério da tipicidade, admitindo que os tribunais administrativos apreciem as questões relativas a contratos administrativos típicos — isto é, a cada um dos tipos de contratos administrativos que a lei especificamente preveja, consagrando normas de direito público destinadas a regular aspectos específicos do seu regime substantivo. E repare-se que também neste domínio podem estar em causa contratos celebrados por entidades públicas sob formas privadas, entidades privadas de mão pública, formalmente incumbidas de celebrar certo tipo de contratos para prosseguir a satisfação de fins de interesse público postos a seu cargo.

Já numa segunda linha, o ETAF estende entretanto a jurisdição administrativa à resolução de litígios emergentes de contratos "que as partes tenham expressamente submetido a um regime substantivo de direito público". A nosso ver, o ETAF tem, deste modo, em vista os contratos administrativos atípicos sem objecto passível de acto administrativo — isto é, contratos naturalmente dirigidos a constituir uma relação jurídica administrativa (cfr. artigo 1.º, n.º 1, do ETAF e artigo 212.º, n.º 3, da CRP) e, portanto, que, embora não visem substituir a emissão de um acto administrativo, nem correspondam a um tipo específico para o qual a lei estabeleça um regime privativo de direito público (as duas hipóteses anteriormente consideradas), correspondem ainda ao conceito genérico de contrato administrativo que o CPA enuncia no seu artigo 178.º, n.º 1.

([29]) Para o conceito, cfr. SÉRVULO CORREIA, *Legalidade e autonomia contratual nos contratos administrativos,* Coimbra, 1987, pp. 401 segs. e 428.

O propósito de introduzir alguma clareza na delimitação do âmbito da jurisdição explicará a exigência de que as partes tenham expressamente submetido o contrato a um regime substantivo de direito público: deste modo se evita estender o âmbito da jurisdição administrativa, como sucedia até aqui, à apreciação dos litígios emergentes de quaisquer contratos administrativos atípicos, com todas as dificuldades de delimitação que a figura coloca. Os tribunais administrativos só serão competentes se as partes tiverem expressamente submetido o contrato à aplicação de um regime substantivo de direito público — cláusula expressa que, em última análise, poderá, quanto a nós, traduzir-se na pura remissão para o regime geral dos contratos administrativos, dos artigos 178.º e seguintes do CPA (*maxime,* do artigo 180.º, que especificamente se refere aos poderes de que a Administração goza na vigência do contrato).

Como é sabido, as soluções consagradas nos referidos preceitos do CPA não são incontroversas. Ainda escassos anos antes da aprovação do Código, Sérvulo Correia tinha, por exemplo, sustentado que se deveria presumir, em caso de dúvida, que a Administração só dispõe de prerrogativas exorbitantes, como as que o artigo 180.º hoje prevê, desde que elas tivessem sido expressamente estipuladas no contrato [30]. A introdução, pelo novo ETAF, de um critério de delimitação dos contratos administrativos atípicos a submeter à apreciação da jurisdição administrativa assente no facto de as próprias partes expressamente submeterem o contrato a um regime de direito público, designadamente ao regime dos artigos 178.º e seguintes do CPA, poderá constituir, por isso, o ensejo para se repensarem, ponderadamente, os termos em que esse regime se encontra desenhado — porventura para o efeito de fazer depender a própria qualificação como contrato administrativo de cada contrato atípico sem objecto passível de acto administrativo da expressa decisão das partes de submeterem o desenvolvimento da respectiva relação contratual às normas estabelecidas no CPA (*maxime,* no seu artigo 180.º).

---

[30] Cfr. Sérvulo Correia, *Legalidade e autonomia...*, pp. 737-738.

c) De notar, entretanto, que, por força do artigo 4.°, n.° 1, alínea b), do ETAF, cabe aos tribunais administrativos apreciar a invalidade de quaisquer contratos, devam eles ser qualificados como administrativos ou de direito privado, que directamente resulte da invalidade do acto administrativo em que se tenha baseado a respectiva celebração. Trata-se, na verdade, de verificar apenas a *invalidade consequente* do contrato, que directamente decorre do facto de a vontade de uma das partes, a entidade administrativa, não ter sido validamente expressa. Essa verificação deve, por isso, caber ao tribunal ao qual compete fiscalizar a própria validade da pronúncia administrativa — podendo, assim, ter lugar no âmbito do processo de impugnação do acto administrativo pré-contratual inválido.

3. Competências dos tribunais administrativos

3.1. Como é sabido, a organização dos tribunais administrativos e o quadro das respectivas competências foram, por diversas vezes, alterados ao longo dos últimos anos. Impunha-se, porém, e já de há muito tardava, a reforma que, finalmente, suprimisse a irracional situação de *pirâmide invertida* que vinha existindo, com mais juízes na cúpula do sistema (o Supremo Tribunal Administrativo) do que na sua base (os tribunais administrativos de círculo).

Como já noutra sede houve ocasião de recordar ([31]), o número dos tribunais administrativos existentes em 1974 era ajustado à litigiosidade administrativa impressionantemente baixa que até então se tinha verificado. O reduzido número de processos permitia disfarçar a irracionalidade do sistema de distribuição de competências que, persistindo na manutenção do modelo de matriz francesa que entretanto já tinha sido abandonado na própria França, insistia em reservar para o Supremo Tribunal Administrativo a exclusiva compe-

---

([31]) Cfr. MÁRIO AROSO DE ALMEIDA, "Novas perspectivas para o contencioso administrativo", in *Juris et de Jure — Nos vinte anos da Faculdade de Direito da Universidade Católica Portuguesa — Porto,* 1998, pp. 529 segs.

tência para julgar, em primeira instância, os actos administrativos praticados pelos membros do Governo e pelos demais órgãos superiores da Administração Central.

A explosão que, desde então, se registou na procura da justiça administrativa veio, porém, demonstrar à saciedade as evidentes deficiências do sistema, com gravíssimas consequências no plano da celeridade e, portanto, da efectividade da tutela. A redistribuição das competências operada em 1984, com a transferência de um número ainda reduzido de matérias, do Supremo Tribunal Administrativo para os tribunais de círculo, rapidamente se revelou insuficiente. E a ainda recente reestruturação da organização dos tribunais administrativos e do respectivo quadro de competência, com a criação, em 1996, de um novo tribunal, o Tribunal Central Administrativo, ainda mais depressa se revelou incapaz de fornecer uma resposta adequada para o problema.

Com efeito, a criação do novo tribunal assentou no reconhecimento da necessidade de aliviar o Supremo Tribunal Administrativo da sobrecarga de trabalho que vinha obstruindo o seu funcionamento; mas também no entendimento de que os actos administrativos do Governo não deviam poder ser julgados pelos tribunais administrativos de círculo. Da conjugação destes dois factores resultou a solução de incumbir o novo tribunal, entre outras (heterogéneas) tarefas, de julgar, em primeira instância, da legalidade dos actos administrativos que o Governo praticasse em matérias de funcionalismo público — critério assumidamente adoptado por razões que se prendiam com o facto de serem numerosos os processos desse tipo e morosa a sua apreciação, sem que houvesse, entretanto, a real intenção de se instituir um órgão verdadeiramente especializado em tais matérias, como demonstrava o quadro das demais competências do Tribunal Central (cujo objecto não se circunscrevia ao funcionalismo público) e o facto de também os tribunais de círculo fiscalizarem actos em matérias de funcionalismo, desde que não tivessem sido praticados por membros do Governo.

O número excessivo de competências atribuídas ao Tribunal Central Administrativo — ao que acresce a prioridade que necessariamente tinha de dar aos processos cautelares — conduziu a que este tribunal ficasse, em muito pouco tempo, bloqueado, sem capacidade de dar resposta, em tempo razoável, a quem se lhe dirigia. À medida que fossem sendo decididos, grande parte dos processos que, em primeira instância, têm permanecido imobilizados no Tribunal Central seguiriam, no entanto, para o Supremo, em via de recurso, pelo que a situação de alguma descompressão que se tem vivido no Supremo era transitória. A não ser alterado, o quadro de distribuição de competências introduzido em 1996, com a criação do Tribunal Central Administrativo, conduziria, assim, a breve trecho, a que o bloqueamento do Tribunal Central alastrasse ao Supremo, ambos os tribunais de novo vitimados pelo facto de lhes ser atribuído um vasto leque de competências para julgar em primeira instância [32].

3.2. Exigências de racionalidade na estruturação do sistema da jurisdição administrativa impunham, pois, que se alterasse o quadro da distribuição de competências entre os diferentes degraus da hierarquia dos tribunais administrativos. A eficácia do sistema e, portanto, a efectividade da tutela que ele proporciona exigiam que tanto ao Supremo como ao Tribunal Central fossem retiradas as amplas competências de julgamento em primeira instância que lhes pertenciam [33].

---

[32] Para a crítica à reforma de 1996 (Lei n.º 49/96, de 4 de Setembro, e Decreto-Lei n.º 229/96, de 29 de Novembro), designadamente no que se refere à criação do Tribunal Central Administrativo, cfr., por todos, VASCO PEREIRA DA SILVA, "Breve crónica de uma reforma anunciada", *Cadernos de Justiça Administrativa* n.º 1, pp. 5-7; CARLOS CADILHA, "Ainda a reforma do contencioso administrativo", *Cadernos de Justiça Administrativa* n.º 2, pp. 3 segs.; MÁRIO TORRES, "A reforma do contencioso administrativo: que metodologia?", p. 10; M. AROSO DE ALMEIDA, "Novas perspectivas…", pp. 530-532.

[33] Neste sentido, cfr. as intervenções que, ao longo do tempo, MÁRIO TORRES foi fazendo sobre o tema, de entre as quais as mais recentes em "A reforma do contencioso administrativo: Que metodologia?", pp. 9-10, e *O Debate Universitário,* pp. 111 segs. — foi, aliás, evidente e assumida a influência que a máxima proposta por este Autor, "à 1.ª instância o que é de 1.ª instância", exerceu sobre o estudo de redimensionamento dos tribunais administrativos que a *Andersen Consulting* (hoje, *Accenture)* elaborou, por ocasião da discussão pública sobre a reforma, em parceria com a *Sérvulo Correia & Associados.* Cfr. também ANTÓNIO CÂNDIDO DE OLIVEIRA, *O Debate Universitário,* pp. 216 segs. (CJA n.º 22, pp. 19-21); e já na mesma

Em favor da celeridade na resolução dos processos, mas não só. O julgamento em primeira instância deve pertencer, em todos os casos, a tribunais de plena jurisdição, aptos a apreciar e decidir em plenitude o quadro das relações jurídico-administrativas que lhes sejam submetidas. Só assim se podem ultrapassar de vez as limitações que tradicionalmente dificultam a cumulação de pedidos no contencioso administrativo e a cabal apreciação da prova.

Neste sentido se orientou a actual reforma do contencioso administrativo, no âmbito da qual, por isso, se optou por transferir para os tribunais administrativos de círculo a generalidade das competências de julgamento em primeira instância que pertenciam ao Supremo e ao Tribunal Central.

De acordo com o disposto no artigo 24.°, n.° 1, do ETAF, apenas continua a ser reservada ao Supremo Tribunal Administrativo, sem prejuízo de outras cuja apreciação lhe seja deferida por lei, a competência para conhecer dos processos relativos a acções ou omissões do Presidente da República, da Assembleia da República e do seu presidente, do Conselho de Ministros, do Primeiro-Ministro, dos Presidentes do Tribunal Constitucional, do Supremo Tribunal Administrativo, do Tribunal de Contas e do Supremo Tribunal Militar, do Conselho Superior de Defesa Nacional, do Conselho Superior dos Tribunais Administrativos e Fiscais e do seu presidente, do Procurador-Geral da República e do Conselho Superior do Ministério Público — bem como dos pedidos de adopção de providências cautelares relativos a estes processos, dos pedidos relativos à execução das decisões que o tribunal neles profira e dos pedidos que nesses processos sejam cumulados: cfr. alíneas a), c), d) e e).

Ao Supremo Tribunal Administrativo é ainda reservada a competência para julgar os processos eleitorais previstos no próprio ETAF

---

linha, JOÃO CAUPERS, "A marcha do processo de recurso contencioso", *Revista Jurídica (da Associação Académica da Faculdade de Direito de Lisboa)* n.° 9/10 (nova série, 1987), p. 194; MÁRIO AROSO DE ALMEIDA, "Contributo para a reforma do contencioso administrativo", *Direito e Justiça,* vol. IX, tomo I (1995), pp. 120-121, e "Novas perspectivas…", p. 532.

Grandes Linhas da Reforma do Contencioso Administrativo 49

e as acções de regresso, fundadas em responsabilidade por danos resultantes do exercício das suas funções, que sejam propostas contra juízes do Supremo Tribunal Administrativo e do Tribunal Central Administrativo, bem como de magistrados do Ministério Público que exerçam funções junto destes tribunais: cfr. artigo 24.°, n.° 1, alíneas b) e f), do ETAF [34].

Sem prejuízo do que porventura se disponha em lei especial e da competência que lhe é reservada para conhecer das acções de regresso fundadas em responsabilidade por danos resultantes do exercício das suas funções, que sejam propostas contra juízes dos tribunais administrativos de círculo e dos tribunais tributários, o Tribunal Central Administrativo deixa, entretanto, de ser competente para proceder a julgamentos em primeira instância, passando a ser, em contrapartida, a instância normal de recurso das decisões que venham a ser proferidas pelos tribunais administrativos de círculo: cfr. artigo 37.° do ETAF.

A Lei n.° 107-D/2003, de 31 de Dezembro, procedeu, aliás, ao desdobramento do anterior Tribunal Central Administrativo em dois novos tribunais de apelação, o Tribunal Central Administrativo Norte, com sede no Porto, e o Tribunal Central Administrativo Sul, com sede em Lisboa: cfr. artigo 8.°, alínea b), e artigos 31.° e seguintes do ETAF, na redacção que lhes foi dada pela Lei n.° 107-D/2003.

3.3. A generalidade dos processos da jurisdição administrativa passam, assim, a ser intentados junto dos tribunais administrativos de círculo, competentes para conhecer, em primeira instância, de todos os processos do âmbito da jurisdição administrativa, com excepção

---

[34] No que especificamente se refere à posição do Supremo Tribunal Administrativo, chega-se, assim, a solução próxima daquela já em 1991 defendida por SÉRVULO CORREIA, "Linhas de aperfeiçoamento da jurisdição administrativa", *Revista da Ordem dos Advogados,* Ano 51 (1991), p. 182, ao escrever: "Parece hoje quase pacífica entre os profissionais do Direito mais ligados ao funcionamento dos tribunais administrativos a ideia de que o descongestionamento das vias contenciosas só se obterá pela transformação do Supremo Tribunal Administrativo em tribunal quase de revista, associada à criação de um ou mais tribunais administrativos de 2.ª instância", dotados dos "quadros adequados ao seu movimento".

daqueles cuja competência, em primeiro grau de jurisdição, esteja reservada aos tribunais superiores, bem como da apreciação dos pedidos que naqueles processos sejam cumulados: artigo 44.º do ETAF.

Por regra, o recurso das decisões proferidas pelos tribunais administrativos de círculo, quando a alçada o permita, é interposto para os Tribunais Centrais Administrativos — com a única excepção dos recursos *per saltum* previstos no artigo 151.º do CPTA. Uma importante inovação é, entretanto, a introdução, no artigo 150.º do CPTA, da possibilidade de um (muito excepcional) recurso de revista para o Supremo Tribunal Administrativo, das decisões que o Tribunal Central Administrativo profira em via de recurso.

Tal como sucedia até aqui, a Secção de Contencioso Administrativo do Supremo Tribunal Administrativo continua a funcionar também em Pleno e em Plenário. Segundo o artigo 25.º do ETAF, o Pleno continua, por um lado, a conhecer dos recursos para uniformização de jurisprudência e dos recursos dos acórdãos que tenham sido proferidos pela secção, através das subsecções, em primeiro grau de jurisdição; e por outro lado, passa a poder ser chamado, por um tribunal administrativo de círculo, a pronunciar-se, a título prejudicial, sobre o sentido em que deve ser decidida uma questão de direito nova, que suscite dificuldades sérias e se possa vir a colocar noutros litígios. As competências do Plenário mantêm-se, segundo o disposto no artigo 29.º do ETAF.

3.4. A redistribuição de competências operada pelo novo ETAF tem duas consequências evidentes.

Com as transferências provenientes do Supremo e do Tribunal Central, o âmbito das competências dos tribunais administrativos de círculo é muito significativamente alargado. Este facto, associado à já referida ampliação do próprio âmbito da jurisdição administrativa, determina a necessidade de se proceder à instalação de novos tribunais e ao recrutamento de novos magistrados.

Em contrapartida, o âmbito das competências do Supremo Tribunal Administrativo diminui substancialmente. Mas apenas diminui em quantidade, uma vez que, do ponto de vista qualitativo, o papel do

Supremo sai claramente reforçado, reconstruído "como tribunal supremo, reservado para a solução de questões de direito e com o papel fundamental de uniformizador da jurisprudência" [35]. Com efeito, e como se disse na Exposição de Motivos do ETAF, do que se trata é de adoptar um modelo em que o Supremo Tribunal Administrativo deixa praticamente de funcionar como um tribunal de primeira instância, para passar a exercer as competências próprias de um tribunal vocacionado para "funcionar como regulador do sistema, função adequada a uma instância suprema". Nesta óptica deve ser encarado o quadro das competências do Supremo Tribunal Administrativo, tanto pelas subsecções, como em pleno, que resulta do novo ETAF [36].

---

[35] VIEIRA DE ANDRADE, *O Debate Universitário,* p. 54.

[36] Na mesma linha, VIEIRA DE ANDRADE, "Relatórios de síntese", *Cadernos de Justiça Administrativa* n.º 28, pp. 63-64.

II

O REGIME PROCESSUAL:
PRINCÍPIOS DO CPTA E SEUS COROLÁRIOS

4. Princípio da tutela jurisdicional efectiva

Os principais traços identificadores do CPTA resultam, desde logo, do conjunto de princípios fundamentais que se encontram enunciados nos seus primeiros artigos. E o primeiro desses princípios é o princípio da tutela jurisdicional efectiva, do artigo 2.º, que, no estrito cumprimento da CRP, e em termos sensivelmente idênticos aos do artigo 2.º do CPC, introduz no nosso contencioso administrativo a velha máxima do processo civil de que *a cada direito corresponde uma acção,* no sentido de que todo o direito ou interesse legalmente protegido encontra na jurisdição administrativa a tutela adequada. Esta ideia desdobra-se em três vertentes [37]:

a) O contencioso administrativo coloca à disposição daqueles que se lhe dirigem as formas processuais adequadas para fazerem valer as suas pretensões e obterem, em prazo razoável, uma decisão que sobre elas se pronuncie com força de caso julgado — é o plano da *tutela declarativa.*

O princípio da tutela jurisdicional efectiva, no plano declarativo, supõe que todo o tipo de pedidos podem ser deduzidos e todo o tipo de pronúncias judiciais podem ser emitidas no âmbito da jurisdição

---

[37] Cfr., a propósito, BARBOSA DE MELO, *O Debate Universitário,* pp. 303-304.

administrativa, que deste modo deixa definitivamente de ser uma jurisdição de poderes limitados. É o que sucede com as pretensões dirigidas ao reconhecimento de situações jurídicas subjectivas e à condenação da Administração à prática de actos administrativos, à adopção ou abstenção de comportamentos, ao pagamento de indemnizações, à realização das condutas necessárias ao restabelecimento de direitos ou interesses violados ou ao cumprimento de deveres de prestar que directamente decorram de normas jurídico-administrativas e não envolvam a emissão de um acto administrativo impugnável — e isto, para recorrer apenas a alguns dos exemplos mais frisantes que, a título meramente exemplificativo, se encontram enunciados nos artigos 2.º, n.º 2, e 37.º, n.º 2 ([38]).

Relativamente a este ponto, será, entretanto, conveniente introduzir a seguinte advertência. O elenco exemplificativo das pretensões susceptíveis de serem accionadas perante os tribunais administrativos que encontramos nos artigos mencionados não tem o propósito nem o alcance de tipificar distintos meios processuais, separados entre si, em termos de obrigar os interessados, à maneira tradicional, a descobrirem a qual deles corresponde a sua pretensão, sob pena de incorrerem em erro, por inadequação do meio processual utilizado. Trata-se apenas de clarificar o sentido da fórmula genérica enunciada no n.º 1, esclarecendo os interessados sobre alguns dos principais tipos de pretensões que, separada ou cumulativamente, passam a poder fazer valer perante a jurisdição administrativa.

b) Quem se dirige à jurisdição administrativa em busca de tutela jurisdicional pode ter, entretanto, necessidade de obter do tribunal a adopção de providências destinadas a acautelar o efeito útil da decisão judicial durante todo o tempo em que o processo declarativo estiver pendente — é o plano da *tutela cautelar*. O princípio da tutela jurisdicional efectiva supõe que todo o tipo de providências, no plano cautelar, podem ser pedidas e concedidas na jurisdição administrativa,

---

([38]) Todos os artigos que a partir de aqui sejam referidos sem outra indicação pertencem ao CPTA.

sempre que a respectiva adopção seja de considerar necessária para garantir a utilidade da decisão a proferir no processo principal. Ainda neste domínio se trata de fazer com que a jurisdição administrativa deixe de ser uma jurisdição limitada, circunscrita a um leque restrito de providências cautelares. E este domínio reveste-se da maior importância, na medida em que a existência de uma tutela cautelar efectiva é absolutamente decisiva para a efectividade da tutela declarativa e da tutela executiva. Como é evidente, uma sentença é inútil se, no momento em que vem finalmente a ser proferida, já não puder ser executada ou se, em todo o caso, dela já não for possível extrair quaisquer consequências, por não terem sido, entretanto, adoptadas providências que acautelassem a situação na pendência do processo. Como bem demonstra toda a história do contencioso administrativo de tipo francês, sem uma tutela cautelar efectiva não podem existir uma tutela declarativa e uma tutela executiva eficazes.

c) O contencioso administrativo coloca, por fim, à disposição de quem tenha obtido uma decisão jurisdicional com força de caso julgado as formas processuais adequadas para fazer valer essa decisão e obter a sua execução, isto é, a sua materialização no campo dos factos — é o plano da *tutela executiva*. O princípio da tutela jurisdicional efectiva no plano executivo supõe que todo o tipo de providências de execução possam ser adoptadas pela jurisdição administrativa, que também neste plano deixa de ser, como muito claramente era até aqui, uma jurisdição de poderes limitados.

5. Princípio da plena jurisdição dos tribunais administrativos

Intimamente relacionado com aquele que acaba de ser referido está o princípio da plena jurisdição dos tribunais administrativos, do artigo 3.º.

Os tribunais administrativos exerceram durante demasiado tempo uma jurisdição de poderes limitados, poderes esses que fundamentalmente se circunscreviam ao de anular ou declarar a nulidade de actos administrativos e de condenar ao pagamento de indemnizações. É com essa tradição que o CPTA procura romper, reforçando os poderes dos tribunais administrativos, como se verá de seguida, nos dois planos em que esses poderes se manifestam: o plano declarativo e o plano executivo.

Antes, porém, será importante sublinhar que não está, em qualquer desses planos, em causa a eliminação dos espaços autónomos de decisão próprios da Administração, que o CPTA tem, em múltiplos preceitos, o cuidado de salvaguardar: desde logo no artigo 3.º, n.º 1, quando esclarece que a intervenção dos tribunais se processa "no respeito pelo princípio da separação e interdependência dos poderes", pelo que não lhes cabe pronunciarem-se sobre a conveniência ou a oportunidade da actuação administrativa; e nos artigos 3.º, n.º 3, 167.º, n.º 6, e 179.º, n.º 5, onde se determina que a execução específica, através da emissão de sentença com efeitos substitutivos, do dever de a Administração praticar um acto administrativo só pode ter lugar quando a prática e o conteúdo do acto forem estritamente vinculados. Mas são vários os preceitos do Código em que, a propósito do exercício de poderes de condenação por parte dos tribunais administrativos, se salvaguarda sempre o respeito pelos "espaços de valoração próprios do exercício da função administrativa": cfr. artigos 71.º, n.º 2, 95.º, n.º 3, 168.º, n.º 3, e 179.º, n.º 1.

Este é um ponto que, num contexto de mudança como aquele que estamos a viver e em que se tende, naturalmente, a acentuar o reforço da tutela jurisdicional dos particulares e dos poderes dos tribunais administrativos perante a Administração, importa sublinhar com especial cuidado. Os tribunais administrativos não estão vocacionados, nem constitucional ou legalmente habilitados, a fazer a chamada *dupla administração,* isto é, a (re)formular juízos que apenas à Administração cumpre realizar, no exercício dos poderes de valoração que são inerentes à função administrativa. Os tribunais administrativos deverão ter, por isso, o maior cuidado para não ficarem aquém, mas também para não irem além, no exercício dos novos poderes que o CPTA lhes confere. A formação paulatina de uma jurisprudência consistente nos diversos domínios concretos da intervenção judicial, que importará

Grandes Linhas da Reforma do Contencioso Administrativo 57

acompanhar com atenção, e os contributos da doutrina, imprescindíveis neste domínio, permitirão encontrar o justo equilíbrio entre as exigências de tutela efectiva de quem pretende a condenação da Administração e as exigências que impedem o juiz de ultrapassar os limites que são próprios da função jurisdicional, no confronto com a função administrativa.

5.1. O reforço dos poderes dos tribunais administrativos concretiza-se, em primeiro lugar, no plano dos *poderes de pronúncia* que aos tribunais administrativos são conferidos no plano declarativo. E, ainda aqui, na dupla dimensão em que esses poderes podem ser exercidos: no âmbito dos processos principais, em que são proferidas as decisões sobre o mérito das causas; e no âmbito dos processos cautelares, em que são decretadas providências destinadas a acautelar a utilidade das decisões a proferir nos processos principais.

5.1.1. *Poderes de pronúncia nos processos principais.*

a) Dando satisfação às reivindicações que vinham sendo formuladas na doutrina ([39]), o CPTA põe termo à dualidade de meios processuais que, sem justificação aparente, a LPTA tinha introduzido no domínio da impugnação de normas emitidas no exercício da função administrativa, substituindo-a, entretanto, por uma nova dualidade, agora uma dualidade de regimes quanto ao tipo de pronúncias judiciais que passam a poder ser proferidas pelos tribunais administrativos relativamente a todo o tipo de normas emanadas no exercício da função administrativa, independentemente da fonte de onde provenham.

O primeiro tipo de pronúncia é a declaração de ilegalidade com força obrigatória geral, cujo âmbito de eficácia, estabelecido no artigo

---

([39]) Cfr., por todos, ALVES CORREIA, "A impugnação jurisdicional de normas administrativas", *Cadernos de Justiça Administrativa* n.º 16, pp. 16 segs., *maxime* p. 27; VIEIRA DE ANDRADE, *A Justiça Administrativa,* pp. 133 segs. O ponto já se considerava, em todo o caso, adquirido à data da elaboração do Projecto de Código do Contencioso Administrativo de 1990: cfr. FREITAS DO AMARAL, "Projecto de Código do Contencioso Administrativo", p. 20.

76.º, se inspira no regime do artigo 282.º da CRP, respeitante às declarações de inconstitucionalidade ou de ilegalidade com força obrigatória geral que são proferidas pelo Tribunal Constitucional [40].

Se, entretanto, os efeitos de uma norma se produzirem imediatamente, sem dependência de qualquer acto de aplicação, o artigo 73.º, n.º 2, admite que "o lesado pode obter a desaplicação da norma pedindo a declaração da sua ilegalidade com efeitos circunscritos ao seu caso". Deste modo, o Código prevê um segundo tipo de pronúncia, que os tribunais administrativos passam a poder proferir neste domínio: trata-se de uma declaração de ilegalidade sem força obrigatória geral, com o alcance de fazer com que a norma não possa ser aplicada ao interessado que obtenha essa declaração.

Repare-se que, neste segundo caso, tem lugar uma declaração de ilegalidade proferida a título principal, e não a título incidental, pois não há acto administrativo de aplicação a propósito da impugnação do qual se possa pedir a desaplicação da norma. O lesado pela norma é admitido a reagir directamente contra ela (cfr., aliás, o artigo 268.º, n.º 5, da CRP), pedindo uma pronúncia com o alcance de o subtrair à aplicação da norma ilegal. A declaração de ilegalidade sem força obrigatória geral, prevista no artigo 73.º, n.º 2, pode fundar-se na inconstitucionalidade da norma em causa — como, aliás, também o poderia o pedido da sua desaplicação incidental, no âmbito do processo de impugnação do acto administrativo de aplicação, se a norma não fosse directamente aplicável e houvesse, portanto, lugar à prática de um acto desse tipo [41].

---

[40] Como refere o artigo 72.º, n.º 2, "a declaração de ilegalidade com força obrigatória geral com qualquer dos fundamentos previstos no n.º 1 do artigo 281.º da Constituição da República Portuguesa" não pode ser pedida aos tribunais administrativos, por apenas poder ser pronunciada, nos termos deste último preceito, pelo Tribunal Constitucional. Sobre esta reserva de competência do Tribunal Constitucional, cfr., por todos, ALVES CORREIA, "A impugnação jurisdicional…", pp. 24--25; VIEIRA DE ANDRADE, *A Justiça Administrativa,* pp. 28-29 e 135-137 (e nota 16).

[41] A restrição do artigo 72.º, n.º 2, só se aplica, pois, à declaração de ilegalidade com força obrigatória geral. A nosso ver, deste modo se superam as dúvidas de constitucionalidade que até aqui podiam ser opostas ao artigo 11.º, n.º 5, do ETAF

Por outro lado, o CPTA, dando acolhimento a uma sugestão nesse sentido formulada durante a discussão pública ([42]), introduz, no artigo 77.º, um inovador regime de declaração de ilegalidade por omissão de normas necessárias "para dar exequibilidade a actos legislativos carentes de regulamentação". A figura é claramente inspirada na declaração de inconstitucionalidade por omissão, prevista no artigo 283.º da CRP. Mas como não está em causa o exercício da função legislativa, mas o exercício de um poder administrativo vinculado quanto ao *an,* pois trata-se de dar cumprimento a determinações contidas em actos legislativos, o seu regime distancia-se daquele que estabelece o referido preceito constitucional na medida em que, no n.º 2 do artigo 77.º, não se confere ao tribunal administrativo apenas o poder de dar conhecimento da situação de omissão ao órgão competente, mas também o poder de fixar o prazo, não inferior a seis meses, dentro do qual a omissão deve ser suprida.

b) No plano dos poderes de condenação que são conferidos aos tribunais administrativos, reveste-se de especial importância o novo poder de condenarem a Administração à prática de actos administrativos ilegalmente omitidos ou recusados, que o Código regula nos artigos 66.º e seguintes.

Por imposição constitucional, a reforma do contencioso administrativo não podia deixar de proporcionar aos interessados a "determinação da prática de actos administrativos legalmente devidos": cfr. artigo 268.º, n.º 4, da CRP ([43]).

Como referiu Barbosa de Melo, durante a discussão pública sobre a reforma do contencioso administrativo, a Comissão Eventual de Revisão da Constituição discutiu vivamente, a propósito das alterações que viriam a figurar, por força da Lei Constitucional n.º 1/97, no artigo 268.º, n.º 4, a questão de saber "se a providência jurisdicio-

---

de 1984: cfr., a propósito, VIEIRA DE ANDRADE, *Os direitos fundamentais na Constituição Portuguesa de 1976,* 2.ª ed., Coimbra, 2001, p. 363 e nota 96.

([42]) Cfr. PAULO OTERO, *O Debate Universitário,* p. 141 (CJA n.º 22, p. 48).

([43]) Cfr., a propósito, M. REBELO DE SOUSA, *Lições...,* p. 481.

nal contra a não-prática ou omissão de um acto administrativo requerido devia compreender uma *pronúncia declarativa,* uma pronúncia *condenatória* ou uma *pronúncia substitutiva.* Por outro lado, considerou-se a questão de saber se a providência em causa haveria de ser obtida através do meio processual constituído tradicionalmente pelo recurso de anulação, ou outro meio processual-regra, ou se devia criar-se para o efeito uma forma de acção própria e autónoma — *acção de obrigação? acção de cumprimento? acção por inactividade? acção para a prática de acto administrativo devido?"*

E como informa Barbosa de Melo, "a Comissão acabou por entender que a Constituição devia deixar a resolução destas e outras questões à liberdade conformadora do legislador ordinário. Daí a técnica de incluir na fórmula constitucional apenas a referência a uma providência jurisdicional relativa a actos administrativos legalmente devidos, designando-a como *'determinação'* para a sua prática. A verdade é que a palavra 'determinação' levou tempo a encontrar, pelo cuidado de deixar em aberto a caracterização precisa da pronúncia jurisdicional a consagrar pela lei..." [44].

À luz do modelo da *Verpflichtungsklage* alemã, a opção do CPTA foi a de instituir, no âmbito da acção administrativa especial, o processo de condenação à prática de actos devidos como a sede adequada à tutela contenciosa das posições subjectivas de conteúdo pretensivo, que se dirijam à emissão de actos administrativos, independentemente da questão de saber se o respectivo conteúdo é ou não vinculado e que atitude adoptou a Administração em relação à pretensão que lhe foi apresentada — ou seja, se permaneceu em silêncio ou se respondeu, e se respondeu apreciando o fundo da pretensão ou se limitou a recusar liminarmente a sua apreciação.

Em qualquer caso, a via de tutela adequada é a acção de condenação à prática de acto devido, havendo apenas, depois, que distinguir entre diferentes tipos de pronúncias que ao tribunal caberá proferir (cfr. artigo 71.°), e que poderão ir da simples condenação ao cumprimento do dever de decidir até à condenação à prática do acto devido

---

[44] Cfr. BARBOSA DE MELO, *O Debate Universitário,* pp. 307-308.

Grandes Linhas da Reforma do Contencioso Administrativo 61

de conteúdo vinculado, passando pela condenação no dever de substituir o acto ilegalmente praticado por outro que não reincida nas ilegalidades cometidas e, portanto, observe as normas e princípios anteriormente violados ([45]).

c) O CPTA confere aos tribunais administrativos, em termos genéricos, no artigo 3.º, n.º 2, o poder de fixarem oficiosamente, quando sejam chamados a condenar a Administração, o prazo dentro do qual os deveres impostos devem ser cumpridos e de aplicarem, quando tal se justifique, sanções pecuniárias compulsórias, nos termos do artigo 169.º, destinadas a assegurar o cumprimento desses deveres.

Este último poder reveste-se da maior importância. Na verdade, já de há muito vínhamos sustentando que a via mais eficaz para tentar coagir a Administração a cumprir as suas obrigações passava pela introdução do poder de o tribunal impor *"astreintes", medidas de execução indirecta,* do tipo da *sanção pecuniária compulsória* que o Código Civil prevê no seu artigo 829.º-A e que, constrangendo o obrigado, visam forçá-lo a cumprir as obrigações que sobre ele impendam ([46]).

No sentido da atribuição ao juiz administrativo do poder de impor aos titulares de órgãos administrativos o pagamento de sanções pecuniárias compulsórias quando estivesse em causa o cumprimento de obrigações infungíveis, já se orientava o Projecto de Código do

---

([45]) Neste último sentido, cuja introdução entre nós foi sustentada por SÉRVULO CORREIA (in *O Debate Universitário,* pp. 127-128, e CJA n.º 20, pp. 13-14), veja-se a solução consagrada no § 113, n.º 5, 2.ª frase, da Lei da jurisdição administrativa alemã *(Verwaltungsgerichtsordnung),* que contempla a emissão, no âmbito da *Verpflichtungsklage,* da chamada *Bescheidungsurteil:* a propósito, cfr., por todos, SCHMITT GLAESER, *Verwaltungsprozeßrecht,* 14.ª ed., Stuttgart/Munique/Hannover, 1997, p. 193; SCHENKE, *Verwaltungsprozeßrecht,* 6.ª ed., Heidelberg, 1998, p. 261; KOPP/ /SCHENKE, *Verwaltungsgerichtsordnung,* 11.ª ed., Munique, 1998, pp. 298-299.

([46]) Cfr. DIOGO FREITAS DO AMARAL, *A execução das sentenças dos tribunais administrativos,* 2.ª ed., Coimbra, 1997, pp. 303-305; MÁRIO AROSO DE ALMEIDA, "Tutela declarativa e executiva no contencioso administrativo português", *Cadernos de Justiça Administrativa* n.º 16, pp. 72-73, e "Pronúncias judiciais e sua execução na reforma do contencioso administrativo", *Cadernos de Justiça Administrativa* n.º 22, p. 80.

Contencioso Administrativo de 1990 ([47]). Consagrada no direito alemão há mais de quarenta anos, e também existente no próprio direito francês há mais de vinte, a sanção pecuniária compulsória é finalmente agora introduzida no nosso contencioso administrativo. Permitindo superar as dificuldades, de outro modo virtualmente inultrapassáveis, que se colocam em domínios de infungibilidade da actuação administrativa, estamos perante "um passo muito positivo no aperfeiçoamento do sistema português de garantias contra as inexecuções ilícitas de sentenças dos tribunais administrativos" ([48]).

O poder de impor sanções pecuniárias compulsórias, genericamente previsto, como foi referido, no artigo 3.º, n.º 2, surge reafirmado, ainda em termos gerais, nos artigos 44.º (e 49.º), e é depois especificamente mencionado nos artigos 66.º (no domínio da condenação à prática de acto administrativo devido), 84.º (no caso de o processo administrativo não ser tempestivamente enviado ao tribunal), 108.º e 110.º (no caso do incumprimento de intimações), 127.º (no domínio das providências cautelares), 168.º (no âmbito do processo de execução para prestação de facto infungível) e 179.º (no âmbito do processo de execução das sentenças de anulação de actos administrativos).

5.1.2. *Poder de decretar todo o tipo de providências cautelares.*

Pese embora o reconhecimento de princípio de que os tribunais administrativos já podiam, até aqui, conceder providências cautelares não especificadas, recorrendo, para o efeito, à aplicação subsidiária do CPC, a verdade é que, na prática, a tutela cautelar no contencioso administrativo português continuou, até hoje, a centrar-se essencialmente no instituto da suspensão da eficácia de actos administrativos, que, como é sabido, padece de evidentes insuficiências.

O CPTA, nesta matéria, estabelece, no artigo 112.º, que os tribunais administrativos passam a poder adoptar toda e qualquer provi-

---

([47]) Cfr., a propósito, FREITAS DO AMARAL, "Projecto de Código do Contencioso Administrativo", pp. 24-26.

([48]) Cfr. FREITAS DO AMARAL, *A execução...cit.,* p. 305.

dência cautelar, antecipatória ou conservatória, que se mostre adequada a assegurar a utilidade da sentença a proferir num processo principal — com o que se limita, de resto, a dar cumprimento ao que, neste preciso sentido, determina o artigo 268.º, n.º 4, da CRP.

A efectividade do amplo leque de pretensões substantivas que, no novo contencioso administrativo, os particulares passam a poder accionar, a título principal, contra os poderes públicos também depende da possibilidade de obterem providências cautelares de conteúdo diversificado, em função das necessidades concretas, como a atribuição provisória da disponibilidade de um bem, a autorização provisória ao interessado para iniciar ou prosseguir uma actividade, ou adoptar uma conduta, a regulação provisória de uma situação jurídica, designadamente através da imposição do pagamento de uma quantia ou da intimação para a adopção ou abstenção de uma conduta por parte da Administração ou de um particular — e isto, para recorrer apenas ao limitado elenco de exemplos mais marcantes que oferece, a título meramente indicativo, o artigo 112.º, n.º 2.

Como exigia a Constituição, é tudo isto que a reforma do contencioso administrativo vem trazer, ao formalizar expressamente o poder dos tribunais administrativos de adoptarem "providências cautelares não especificadas" e ao consagrar novas providências cautelares típicas, configuradas em função das características específicas das relações jurídico-administrativas, como é o caso das providências relativas a procedimentos de formação de contratos, do artigo 132.º, e a regulação provisória do pagamento de quantias, do artigo 133.º.

Já noutro lugar se tinha procurado esboçar os contornos que poderia assumir o alargamento da tutela cautelar no nosso contencioso administrativo, tomando como ponto de referência a apreciação da experiência acumulada nos países que trilham há mais tempo este tipo de caminhos [49]. Retomando a perspectiva então adoptada, afiguram-se ser dois os domínios fundamentais pelos quais passa o

---

[49] Cfr. MÁRIO AROSO DE ALMEIDA, "Medidas cautelares no ordenamento contencioso", *Direito e Justiça,* vol. XI (1997), tomo 2, pp. 154-155.

alargamento da tutela cautelar no novo contencioso administrativo português.

O primeiro desses domínios corresponde à emissão de *providências conservatórias*, em situações em que o interessado pretenda manter ou conservar uma situação em perigo, evitando que ela seja prejudicada por medidas que a Administração venha a tomar. Neste tipo de situações, em que o interessado pretenda que a Administração se abstenha de tomar certas medidas, a tutela cautelar concretiza-se na imposição provisória de uma ordem no sentido de a Administração não realizar certa actividade ou porventura de cessar imediatamente essa actividade — e o mesmo se diga a propósito de um particular, tendo designadamente presente o disposto no artigo 37.º, n.º 3.

Pressupõe-se que não tenha sido emitido um acto administrativo e, portanto, que estejam em causa situações geradas pela prática de operações administrativas de conteúdo material que não surjam em directa execução de um acto administrativo, pois, se fosse esse o caso, a hipótese estaria coberta pelo âmbito normal de intervenção do instituto da suspensão da eficácia, que o artigo 112.º continua a prever na alínea a) do n.º 2 e ao qual se referem os artigos 128.º e 129.º. Ou então, a medida complementa a suspensão da eficácia — por exemplo, não promoção de um funcionário enquanto esteja pendente a definição da situação do seu concorrente directo.

O segundo dos domínios de aprofundamento da tutela cautelar envolve a emissão de *providências antecipatórias*, em situações em que o interessado pretenda obter uma prestação administrativa, a adopção de medidas por parte da Administração, que podem envolver ou não a prática de um acto administrativo. Neste tipo de situações, em que o interessado aspire à obtenção de um efeito favorável, a tutela cautelar concretiza-se na imposição provisória de uma ordem dirigida à Administração no sentido de esta adoptar as medidas necessárias para minorar as consequências do *periculum in mora*, porventura antecipando, a título provisório, o efeito pretendido no processo principal ([50]).

([50]) Para mais desenvolvimentos, cfr. designadamente a obra citada na nota anterior.

Refira-se, entretanto, que os novos critérios de que, nos termos do artigo 120.°, passa a depender a concessão das providências cautelares, articulando o critério do *periculum in mora* com o do *fumus boni iuris* e determinando que o tribunal proceda à ponderação em conjunto dos vários interesses, públicos e privados, em presença, se afiguram aptos a introduzir um maior equilíbrio no domínio do acesso à justiça cautelar.

Justifica-se aqui uma particular cautela, da parte dos tribunais administrativos, na concessão das providências que impliquem a "intimação para a abstenção de uma conduta por parte da Administração" (CPTA, art. 112.°, n.° 2, al. *f*)). Uma excessiva generosidade dos tribunais na concessão deste tipo de providência cautelar, sem a rigorosa observância do princípio da separação dos poderes, poderia, na verdade, quando generalizada, conduzir rapidamente à paralisação da Administração activa — o que não corresponde ao espírito da lei [51].

5.2. O CPTA reforça, finalmente, os poderes dos tribunais administrativos no plano da execução das decisões que proferem. Com efeito, no novo sistema, os tribunais administrativos passam, finalmente, a dispôr do *poder de adoptarem verdadeiras providências de execução das suas decisões.*

Neste sentido, prevê-se, desde logo, no artigo 3.°, n.° 3, que os tribunais administrativos asseguram a execução das suas decisões, designadamente daquelas que proferem contra a Administração, seja providenciando a concretização material do que nelas foi determinado, seja, quando for caso disso, emitindo mesmo sentença destinada a produzir os efeitos de acto administrativo ilegalmente omitido ou recusado, quando a prática e o conteúdo desse acto forem estritamente vinculados. E depois, o CPTA concretiza, no título VIII, atinente à tutela executiva, as providências que os tribunais administrativos passam a poder adoptar para assegurar a execução das suas decisões.

---

[51] Sobre este ponto, cfr. Diogo Freitas do Amaral, "As providências cautelares no novo contencioso administrativo", *Cadernos de Justiça Administrativa*, n.° 43, pp. 4 e segs.

Neste sentido, o artigo 167.º, n.º 5, esclarece que, dependendo do caso concreto, o tribunal pode proceder à entrega judicial de coisas devidas ou determinar a prestação por entidades privadas de factos materiais devidos, a expensas da entidade pública obrigada, se tais factos forem fungíveis — pense-se no paradigma da demolição —, mediante aplicação, com as adaptações que forem devidas, das disposições que, no CPC, regulam os processos executivos para entrega de coisa certa e para prestação de facto fungível.

Em domínios de maior complexidade, o tribunal deverá, naturalmente, ponderar as circunstâncias, em ordem a determinar quem deve proceder à execução e por que forma. Nesse sentido, e a exemplo do que sucede em ordenamentos jurídicos como o italiano e o espanhol, também entre nós se consagra, no artigo 167.º, n.º 3, o princípio de que, em ordem à execução das suas sentenças, os tribunais administrativos podem requerer, não só a colaboração das autoridades e agentes da entidade administrativa obrigada, como, se necessário, de outras entidades administrativas — às quais, a nosso ver, mesmo quando não disponham, no âmbito das respectivas competências normais, do poder de substituírem a entidade obrigada, caberá intervir, nesse contexto, como agentes do tribunal. E como acrescenta o artigo 167.º, n.º 4, todas as entidades públicas, a começar pelo Estado, estão obrigadas a prestar a colaboração que, para este efeito, lhes for requerida, sob pena de incorrerem no crime de desobediência ([52]).

A fungibilidade não existe, porém, apenas quando se trate de realizar operações materiais, mas também quando esteja em causa a própria emissão de actos administrativos inteiramente vinculados, que também passa a poder ser subrogada pelo tribunal. E, neste sentido, o artigo 167.º, n.º 6, vem consagrar, com alcance geral, uma possibilidade que até agora só se encontrava pontualmente prevista em sectores específicos, no domínio da emissão de alvarás, que é a de permitir que o tribunal emita um título capaz de produzir efeitos em substituição do acto administrativo legalmente devido de conteúdo vinculado

---

([52]) Sobre tudo isto, cfr. M. AROSO DE ALMEIDA, "Pronúncias judiciais e sua execução…", p. 79.

Grandes Linhas da Reforma do Contencioso Administrativo 67

— o que, a nosso ver, não contende com o princípio da separação de poderes, uma vez que o poder de substituição do tribunal se circunscreve a casos de estrita vinculação legal da Administração [53].

No domínio das execuções para pagamento de quantia certa, dos artigos 170.° e seguintes, são de referir duas importantes inovações. A primeira consiste na possibilidade que é dada ao tribunal de determinar a compensação do crédito do interessado com eventuais dívidas que o onerem para com a pessoa colectiva ou o Ministério inadimplentes: cfr. artigo 170.°, n.° 2, alínea a). Se atender o pedido, a compensação que o juiz decretar funcionará como título de pagamento, total ou parcial, da dívida que o exequente tinha para com a Administração, sendo oponível a eventuais reclamações futuras do seu cumprimento por parte desta: cfr. artigo 172.°, n.° 2.

A segunda inovação resulta da expressa previsão, no artigo 172.°, n.° 8, da possibilidade, nos demais casos, de, em última análise, os processos executivos para pagamento de quantia certa poderem seguir os trâmites da penhora e venda dos bens penhoráveis, nos termos do processo de execução para pagamento de quantia certa regulado no CPC.

6. Princípio da livre cumulação de pedidos

Reveste-se do maior relevo, no quadro da reforma do contencioso administrativo, a consagração do princípio da livre cumulação de pedidos, do artigo 4.°, que, quanto a nós, pode ser visto como um corolário do princípio da tutela jurisdicional efectiva. Na verdade, a possibilidade de se proceder à cumulação de pedidos no âmbito de um mesmo processo, eliminando a necessidade de ir lançando mão de sucessivos meios processuais para fazer valer pretensões todas elas relativas a uma mesma relação jurídica material, é um importantíssimo instrumento de simplificação do acesso à justiça e, por isso, de efectivação da plena tutela jurisdicional.

---

[53] Já neste sentido, cfr. M. AROSO DE ALMEIDA, "Pronúncias judiciais e sua execução...", p. 71.

A possibilidade da cumulação de pedidos é, naturalmente, propiciada pela já referida alteração do quadro das competências dos tribunais administrativos, que, retirando, como foi dito, ao Tribunal Central Administrativo e ao Supremo Tribunal Administrativo quase todas as competências que até aqui lhes eram cometidas para decidir em primeiro grau de jurisdição, faz convergir nos tribunais administrativos de círculo a competência para julgar, em primeira instância, praticamente todo o tipo de pretensões — para além de que também nos processos cujo julgamento em primeira instância continua a ser da competência do Supremo Tribunal Administrativo é possível a cumulação de pedidos nos mesmos termos em que ela se processaria num tribunal administrativo de círculo (cfr. artigo 24.º, n.º 1, alínea a), do ETAF), valendo, para esse efeito, o regime do artigo 21.º, n.º 1, do CPTA, segundo o qual, "nas situações de cumulação em que a competência para a apreciação de qualquer dos pedidos pertença a um tribunal superior, este também é competente para conhecer dos demais pedidos".

Como resulta dos preceitos que, no CPTA, se reportam à possibilidade da cumulação de pedidos, designadamente os dos artigos 4.º, n.º 2, e 47.º, n.ºs 1, 2 e 4, o fenómeno pode assumir múltiplas configurações. É o que de seguida se procurará demonstrar. Não, porém, sem antes recordar que os referidos artigos contêm elencos meramente exemplificativos, apenas destinados a ilustrar os mais representativos e porventura mais frequentes casos de cumulação que poderão surgir. O que é, naturalmente, decisivo para determinar se, em cada caso, a cumulação é ou não possível, são os critérios gerais enunciados no artigo 4.º, n.º 1 — e no artigo 47.º, n.º 4, no que especificamente se refere à cumulação de impugnações, como expressamente determina o artigo 4.º, n.º 3.

De acordo com o artigo 5.º, "não obsta à cumulação de pedidos a circunstância de aos pedidos cumulados corresponderem diferentes formas de processo, adoptando-se, nesse caso, a forma da acção administrativa especial, com as adaptações que se revelem necessárias". O facto de determinadas pretensões deverem ser deduzidas em processo destinado a seguir os trâmites da acção administrativa comum e

Grandes Linhas da Reforma do Contencioso Administrativo   69

outras no âmbito de processo sujeito à forma da acção administrativa especial não obsta, pois, à cumulação.

6.1. Passando a ilustrar os mais significativos casos de cumulação, é provável que, na prática, se assista a uma natural tendência para, nos processos de impugnação de actos administrativos e de condenação à prática de actos devidos, serem cumulados o pedido de indemnização pelos danos causados pelo acto ou pela recusa ou omissão ilegais e, porventura, de condenação da Administração à reconstituição da situação que deveria existir se o acto, a recusa ou a omissão não tivessem existido. Associados a um pedido dirigido ao reconhecimento da ilegalidade, serão, assim, deduzidos pedidos fundados nesse reconhecimento, ou seja, pedidos dirigidos a extrair consequências desse reconhecimento. É o caso do pedido de indemnização por danos ou de reconstituição da situação hipotética que sejam deduzidos no próprio processo impugnatório em que se pede a anulação de um acto administrativo. Mas também será o caso do pedido de reconstituição da situação do interessado, apoiado no pedido de condenação à prática de um acto administrativo ilegalmente recusado ou omitido.

Analisemos separadamente cada uma destas hipóteses.

a) É bem sabido que, até agora, os pedidos de condenação da Administração por danos resultantes de actos ilegais não podiam ser cumulados no âmbito do próprio recurso contencioso de anulação desses actos. Sendo o pedido fundado na responsabilidade civil da Administração que decorre da qualificação do acto ilegal como facto ilícito, faz, no entanto, todo o sentido que ele possa ser cumulado no processo de impugnação, dirigido à anulação ou à declaração de nulidade de actos ilegais, que vem suceder ao recurso contencioso (cfr. artigos 50.º e seguintes) [54]. É o que a reforma do contencioso vem

---

[54] Neste sentido, cfr. SÉRVULO CORREIA, "A efectivação processual da responsabilidade civil extra-contratual da Administração por actos de gestão pública", in *La responsabilidad patrimonial de los poderes publicos,* Madrid, 1999, p. 317; RUI MEDEIROS, "Brevíssimos tópicos…", p. 39. Já no âmbito da discussão pública sobre

permitir (cfr., por exemplo, artigos 4.º, n.º 2, alínea f), e 47.º, n.º 1), com o que, nesses casos, o processo de impugnação sofrerá as adaptação devidas (cfr. artigo 5.º, n.º 1), devendo ser observado, em matéria de prova, o regime da acção administrativa comum (que corresponde às acções de responsabilidade), ou seja, o regime do processo declarativo do CPC ([55]).

b) O novo CPTA também abre a possibilidade de, por antecipação, se cumularem, no processo de impugnação de actos administrativos ilegais, pretensões dirigidas ao restabelecimento da situação que existiria se o acto não tivesse sido praticado (artigo 4.º, n.º 2, alínea a)) e porventura ao cumprimento de deveres que a Administração não tenha cumprido com fundamento no acto impugnado (artigo 47.º, n.º 2, alínea b)) ([56]).

Como é sabido, estes dois tipos de pretensões correspondem, no essencial, ao que tradicionalmente é qualificado como o dever de a Administração executar as sentenças de anulação de actos administra-

---

a reforma do contencioso administrativo, RUI MACHETE, *O Debate universitário,* pp. 148-149; COLAÇO ANTUNES, *Idem,* p. 233.

([55]) Em alguma medida no sentido aventado por RUI MACHETE, *O Debate universitário,* pp. 148-149. Nas palavras de SÉRVULO CORREIA, *Idem,* p. 530 (CJA n.º 22, p. 34), a cumulabilidade do pedido da indemnização por danos "estabelecerá uma comunicação entre os dois pilares da matriz dualista" das formas de processo instituídas pelo CPTA (assente, como adiante se verá, na contraposição entre *acção administrativa comum* e *acção administrativa especial*).

([56]) Abre-se, assim, caminho a um fenómeno que, no direito alemão, é designado por *Stufenklage:* trata-se de admitir, por óbvias razões de economia processual, que com a pretensão anulatória possam ser, desde logo, cumuladas outras cuja procedência depende da procedência da primeira e que são deduzidas no próprio âmbito do processo impugnatório, para serem deferidas em conjunto no caso de o tribunal dar provimento ao pedido de anulação. No direito alemão, cfr., por todos, SCHMITT GLAESER, *op. cit.,* pp. 152-153; KOPP/SCHENKE, *op. cit.,* p. 1652.

Como já noutro lugar se assinalou, o facto de as pretensões serem, desde logo, antecipadamente deduzidas no próprio processo impugnatório em nada afecta o respectivo conteúdo: sobre este ponto e para a detida apreciação do conteúdo das pretensões em análise, cfr. MÁRIO AROSO DE ALMEIDA, *Anulação de actos administrativos e relações jurídicas emergentes,* Coimbra, 2002, pp. 15 segs. e, em geral, 413 segs.

tivos (de conteúdo positivo) ([57]). Ora, até aqui, estas pretensões não podiam ser cumuladas no recurso contencioso de anulação.

Já de há muito se vinha defendendo que a declaração dos actos devidos em execução das sentenças de anulação de actos administrativos, em vez de ter de ser objecto de um processo declarativo complementar, dito *de execução de julgados,* subsequente à anulação, deveria poder ser desde logo pedida no âmbito do próprio processo de impugnação do acto ilegal e, portanto, proferida no mesmo momento em que é decretada a anulação de tal acto ([58]).

No interesse, desde logo, do recorrente, enfim liberto da necessidade de vir mais tarde a lançar mão de um segundo processo declarativo, destinado a obter a determinação judicial do conteúdo das providências administrativas a adoptar na sequência da anulação. Mas também no interesse geral, pois a circunstância de, logo no âmbito do processo de anulação, se poder discutir, por antecipação, o caminho que deve ser seguido, no caso de o acto vir a ser anulado, para dar a resposta adequada aos interesses envolvidos pode ter a vantagem de forçar a Administração a sair da inércia com que, tantas vezes, assiste ao desenrolar do processo anulatório, para só despertar para as suas consequências (porventura, para a necessidade de renovar um acto que já poderia ter, em devido tempo, convalidado...) quando aquele chega ao seu termo, impelindo-a a pensar mais cedo no que deve fazer, na pendência do processo, como depois dele, para corrigir o erro que eventualmente cometeu ([59]).

([57]) Cfr. M. AROSO DE ALMEIDA, *Anulação de actos administrativos...,* designadamente a pp. 418 segs.

([58]) Cfr. M. AROSO DE ALMEIDA, "Tutela declarativa...", pp. 70-71, e "Pronúncias judiciais ...", pp. 74-75 (mas já antes, cfr. também "Contributo para a reforma...", pp. 119-120). Na mesma perspectiva, cfr., entretanto, SÉRVULO CORREIA, *O Debate Universitário,* p. 128 (CJA n.º 20, pp. 13-14); e também VIEIRA DE ANDRADE, *A Justiça Administrativa,* p. 294, uma vez vencidas algumas das resistências iniciais, mas ainda assim com reticências (cfr., na verdade, a p. 299).

([59]) A posição assumida no texto radica na perspectiva de conjunto sobre a necessidade de se confrontar a Administração com os deveres que, para ela, decorrem da prática de actos administrativos ilegais, cujos corolários se encontram desen-

A reforma do contencioso administrativo avança nesse sentido a dois níveis distintos.

Por um lado, a via de tutela judicial adequada para reagir contra actos administrativos de conteúdo negativo deixa de ser a da respectiva impugnação através do processo de anulação, para passar a ser a da propositura de uma acção dirigida à condenação da Administração à prática do acto devido, no âmbito da qual passa a ser imposta a substituição do acto negativo — imposição que, até aqui, só podia ser obtida, como é sabido, no âmbito do processo declarativo complementar previsto no Decreto-Lei n.º 256-A/77, de 17 de Junho, dito *de execução do julgado,* nos casos em que, mesmo na sequência da anulação contenciosa do acto negativo, a Administração não procedesse à substituição desse acto.

Mas, por outro lado, e este é que é o aspecto relevante no que diz respeito à possibilidade da cumulação de pedidos a que agora nos estamos a referir, os particulares passam a ter a possibilidade, se assim o entenderem (cfr. artigo 47.º, n.º 3), de cumular, no âmbito do processo de impugnação de actos administrativos ilegais, um pedido dirigido à imposição da prática dos actos e operações que, após a anulação, sejam devidos para reconstituir a situação que deveria existir se o acto anulado não tivesse sido praticado e do cumprimento dos deveres que a Administração não tenha cumprido com fundamento no acto impugnado — desse modo antecipando para o processo principal a formulação de pretensões que, até aqui, apenas podiam ser deduzidas mais tarde, no âmbito do *processo de execução do julgado* anulatório.

Com o que mais não se faz do que acompanhar a evolução do direito comparado, que, um pouco por toda a parte, foi avançando no sentido da superação do clássico modelo da impugnação estritamente cassatória dos actos administrativos. Com efeito, e como já noutra ocasião se tinha feito notar, a impossibilidade de se fazerem valer, no âmbito do recurso contencioso, pretensões dirigidas à condenação da Administração ao cumprimento dos deveres de adequar a situação de facto à situação de direito resultante da anulação de actos de con-

---

volvidamente expostos em M. AROSO DE ALMEIDA, *Anulação de actos administrativos...,* pp. 265 segs.

teúdo positivo correspondia, nos dias de hoje, a uma relíquia sem paralelo em qualquer dos países tradicionalmente adoptados, entre nós, como referências no direito comparado [60]. Já proverbial no direito alemão [61], a possibilidade da cumulação de tais pretensões no âmbito do recurso de anulação também foi, com efeito, introduzida no próprio direito francês, que, desde 1995, admite que com a anulação o tribunal possa ser chamado a condenar a Administração ao cumprimento desses deveres, fixando o prazo dentro do qual esse cumprimento deve ter lugar e podendo mesmo impor, desde logo, uma sanção pecuniária compulsória *(astreinte)* [62].

Sempre que a anulação não seja, só por si, suficiente para restabelecer a situação do interessado no plano dos factos, ela passa, pois, a poder ser acompanhada da condenação à prática dos actos jurídicos e operações materiais que para o efeito forem devidos, bem como ao cumprimento dos deveres em que a Administração tenha ficado (re)constituída, para com o particular, por efeito da anulação — condenação que, recorde-se, poderá ser associada à fixação de um prazo

---

[60] Cfr. M. Aroso de Almeida, "Pronúncias judiciais e sua execução…", pp. 74-75. Para um acutilante ponto da situação, cfr. T.R.Fernández, "Una revolución de terciopelo que pone fin a un anacronismo (La Ley de 8 de febrero de 1995 y las nuevas reformas del contencioso-francés)", *Revista española de Derecho Administrativo* n.º 91, pp. 385 segs. A lei espanhola de 1998 veio ao encontro de muitas das pistas enunciadas neste último trabalho.

[61] Onde se admite (ao abrigo do § 113, n.º 1, da *Verwaltungsgerichtsordnung)* a cumulação, no âmbito da *Anfechtungsklage* (acção de anulação), de uma pretensão dirigida à remoção das consequências resultantes do acto impugnado (*Folgenbeseitigungsanspruch),* como também se admite (ao abrigo do § 113, n.º 4, da *Verwaltungsgerichtsordnung)* a cumulação de pretensões laterais, como o pagamento de vencimentos que teriam sido pagos se não tivesse existido o acto ilegal, porventura extintivo de uma relação de emprego público: cfr., por todos, Kopp/Schenke, *op. cit.,* p. 1652, Rn 172.

[62] É basicamente nestes termos que a solução se encontra consagrada no direito francês: cfr., por todos, René Chapus, *Droit du contentieux administratif,* 7.ª edição, Paris, 1998, pp. 804 segs.; e os artigos publicados no n.º 1 do ano de 1996 da *Revue française de Droit administratif,* com destaque para o de Franck Moderne, "Sur le nouveau pouvoir d'injonction du juge administratif", a p. 43.

e à imposição, quando for caso disso, de uma sanção pecuniária compulsória, destinada a coagir o obrigado a cumprir o seu dever, nos termos gerais do artigo 44.º.

Refira-se, a este propósito, que o CPTA optou por reunir, no artigo 173.º, um conjunto de regras que procuram traçar os parâmetros que devem presidir ao que tradicionalmente se qualifica como *actuação administrativa de execução das sentenças de anulação de actos administrativos*. Ora, pese embora a sua localização sistemática, cumpre sublinhar a importância e o alcance geral das determinações consagradas neste artigo.

Com efeito, a partir do momento em que se admite que as pretensões que tradicionalmente só podiam ser accionadas após a anulação contenciosa, pela via do *processo de execução de julgados*, passam a poder ser, desde logo, deduzidas no âmbito do próprio processo impugnatório, em cumulação com a pretensão anulatória, é evidente que as regras do artigo 173.º passam também a ser chamadas a intervir neste primeiro momento, sendo, portanto, por aplicação dessas regras que o tribunal deverá determinar a actuação a adoptar pela Administração para reintegrar a legalidade violada, no caso de vir a considerar inválido o acto impugnado.

Na verdade, da natureza substantiva das regras consagradas no artigo 173.º decorre a sua autonomia em relação a qualquer esquema processual. Elas limitam-se a prescrever o que deve fazer a Administração sempre que, confrontada com uma sentença de anulação, ela se veja obrigada a extrair daí as devidas consequências. Por isso, elas deverão ser aplicadas pelos tribunais sempre e em qualquer circunstância em que eles sejam chamados a determinar o conteúdo dos actos e operações que a Administração deva adoptar para (re)constituir a situação que deveria existir se não tivesse actuado de modo ilegal. Isso terá lugar, portanto, não apenas no âmbito do processo de execução das sentenças de anulação de actos administrativos (que, em bom rigor, apenas se encontra regulado nos artigos 176.º e seguintes); mas também sempre que, no âmbito do processo de impugnação de qualquer acto administrativo, seja cumulado um pedido dirigido à determinação do conteúdo dos actos e operações que, se o acto

Grandes Linhas da Reforma do Contencioso Administrativo   75

impugnado vier a ser anulado, a Administração ficará constituída no dever de adoptar "para reconstituir a situação que existiria se o acto anulado não tivesse sido praticado e dar cumprimento aos deveres que ela não tenha cumprido com fundamento no acto impugnado" (cfr. artigo 47.º, n.º 2, alínea b)). Também neste caso, cumprirá, pois, ao tribunal lançar mão do disposto no artigo 173.º, que reúne os preceitos de natureza substantiva fundamentais sobre a matéria, para densificar o conteúdo daquele dever [63].

O CPTA procura, entretanto, acorrer, no artigo 95.º, n.ºs 3, 4 e 5, às dificuldades que, por aplicação do disposto no artigo 173.º, possa colocar a concretização, pelo tribunal, do conteúdo da actuação administrativa a desenvolver na sequência da anulação.

c) As cumulações referidas nas alíneas anteriores também podem ter lugar no âmbito de uma acção dirigida à condenação da Administração à prática de um acto administrativo ilegalmente recusado ou omitido, prevista nos artigos 66.º e seguintes: seja o pedido de indemnização pelos danos resultantes da recusa ou omissão ilegal (cfr. artigo 4.º, n.º 2, alínea f)); seja o pedido de condenação da Administração à adopção dos actos jurídicos e à realização das operações materiais que não teria omitido se tivesse adoptado o acto devido no momento próprio (ou seja, a reconstituição da situação hipotética que hoje existiria se não tivesse ocorrido a recusa ou a omissão ilegal) (cfr. artigo 4.º, n.º 2, alínea c)) [64].

6.2. No processo em que se impugne um acto administrativo e porventura se peça a reconstituição da situação actual hipotética e/ou a reparação de danos, é, entretanto, possível cumular o pedido de declaração de ilegalidade com força obrigatória geral da eventual

---

[63] Para a detida exposição, nos seus diversos componentes, das soluções consagradas no artigo 173.º do CPTA, cfr. M. AROSO DE ALMEIDA, *Anulação de actos administrativos...*, designadamente a pp. 372 segs. e 402-412, 609 segs. (em especial, 682 segs.) e 720 segs.

[64] Cfr., a este último propósito, SÉRVULO CORREIA, *O Debate Universitário*, pp. 529-530 (CJA n.º 22, p. 34).

norma emanada no exercício da função administrativa em que aquele acto se tenha baseado, a que se refere o n.° 1 do artigo 73.° — desde que, naturalmente, se preencham os pressupostos que este preceito estabelece.

Por outro lado, num processo em que se peça a declaração de ilegalidade sem força obrigatória geral de uma norma emanada no exercício da função administrativa, a que se refere o n.° 2 do artigo 73.°, podem ser cumulados pedidos dirigidos à reconstituição da situação actual hipotética e/ou à reparação de danos: cfr. artigo 4.°, n.° 2, alínea b) ([65]).

6.3. Merece relevo, no quadro do novo contencioso administrativo, a possibilidade de se cumular um pedido de condenação da Administração à prática de um acto administrativo com o pedido de anulação de um acto administrativo que tenha sido ilegalmente praticado: cfr. artigos 4.°, n.° 2, alínea c), e 47.°, n.° 2, alínea a).

Esta cumulação não é necessária no caso de o acto devido ter sido objecto de uma recusa expressa: com efeito, resulta do disposto nos artigos 51.°, n.° 4, e 66.°, n.° 2, que contra actos de indeferimento não há que deduzir qualquer pedido de anulação, declaração de nulidade ou inexistência, uma vez que a sua eliminação da ordem jurídica resultará da pronúncia pela qual o tribunal imponha a respectiva substituição pelo acto devido.

Mas a referida cumulação tem interesse para as hipóteses em que a posição subjectiva de conteúdo pretensivo do interessado se contraponha a um acto administrativo de conteúdo positivo ou, mais precisamente, a um *acto positivo de conteúdo ambivalente,* que tenha introduzido uma modificação em favor de terceiro, em detrimento das pretensões do interessado, que pretendia ser, ele, o beneficiário. Nestas situações, faz todo o sentido que, por um lado, o interessado peça

---

([65]) Como faz notar SÉRVULO CORREIA, *O Debate Universitário*, p. 529 (CJA n.° 22, p. 34), a operatividade directa das normas administrativas que aí está em causa pode ter tido, na verdade, repercussões que suscitem a necessidade de uma reintegração.

Grandes Linhas da Reforma do Contencioso Administrativo

a anulação contenciosa do acto positivo, cuja substituição pretende, e simultaneamente solicite ao tribunal a condenação da Administração à prática do acto de substituição ([66]). É uma faculdade que o CPTA lhe confere, sem prejuízo de se reconhecer ao autor a possibilidade de optar por pedir apenas a anulação, como até aqui sucedia no âmbito do recurso contencioso, deixando para mais tarde, se vier a ser necessária, a efectivação processual, já no âmbito do eventual processo de execução da sentença de anulação, do direito à prática do acto substitutivo do acto anulado (cfr. artigo 47.°, n.° 3) ([67]).

6.4. Sempre sem prejuízo de se poder optar, sendo caso disso, por deixar a questão para o eventual processo de execução da sentença de anulação (cfr. artigo 47.°, n.° 3), também passa a ser possível cumular, no processo de impugnação de um acto administrativo praticado no âmbito de um procedimento pré-contratual, o próprio pedido de anulação ou declaração de nulidade do contrato "cuja validade dependa desse acto": cfr. artigo 4.°, n.° 2, alínea d); e também artigo 47.°, n.° 2, alínea c). A questão de saber quando é que a validade de um contrato deve depender de um acto administrativo pré-contratual, em termos de se poder afirmar que a anulação deste acto determina a invalidade do contrato, é, como se sabe, uma questão complexa, sendo controverso o regime que actualmente se considera vigorar nessa matéria e que parece carecer de revisão urgente, por forma a circunscrever o âmbito das situações em que a invalidade dos actos pré-contratuais se projecta sobre a validade do próprio contrato — mas trata-se de uma questão de direito substantivo, sobre a qual o CPTA naturalmente não se pronuncia.

Em harmonia com esta solução inovadora, quem impugne o acto relativo à formação do contrato passa a poder cumular nesse processo impugnatório o pedido de invalidação do próprio contrato; mas a satisfação desse pedido, no caso de o tribunal anular o acto pré-con-

---

([66]) Cfr. M. AROSO DE ALMEIDA, *Anulação de actos administrativos...,*, p. 110.

([67]) No sentido proposto por SÉRVULO CORREIA, *O Debate Universitário*, p. 128 (CJA n.° 20, p. 14).

tratual, dependerá naturalmente, como foi dito, da resposta que, no plano substantivo, deva ser dada à questão de saber se a validade do contrato estava dependente desse acto [68].

6.5. O CPTA contempla ainda expressamente a possibilidade de se proceder à impugnação de actos administrativos "praticados no âmbito da relação contratual" (artigo 4.º, n.º 2, alínea g)), relativos à execução do contrato (artigo 47.º, n.º 2, alínea d)), admitindo que essa impugnação possa ser cumulada com outros pedidos relacionados com o contrato e, designadamente, com a sua execução.

Como é sabido, a doutrina tende crescentemente a inclinar-se no sentido de que, por regra, as declarações que a Administração produz no âmbito de relações contratuais não devem ser qualificadas como actos administrativos, passíveis de impugnação, mas como meras declarações negociais, passíveis de serem discutidas, sendo caso disso, no âmbito de uma acção (no quadro do novo contencioso administrativo, no âmbito de uma acção administrativa comum).

Em todo o caso, não parece de afastar completamente a possibilidade da emissão de actos administrativos no âmbito de relações contratuais — designadamente quando a qualificação como acto administrativo de certas manifestações que, nessa sede, a Administração profira seja necessária para assegurar a possibilidade de impugnação por terceiros [69]. Nesta perspectiva se compreendem as referidas previsões do CPTA — sendo certo que a cumulação a que elas se referem tanto pode ter lugar no âmbito de um processo intentado por quem seja parte na relação contratual, como num processo intentado

---

[68] Se o contrato vier, entretanto, a ser celebrado na pendência do processo de impugnação do acto administrativo praticado no âmbito do procedimento pré--contratual, o artigo 63.º, n.º 2, permite, como adiante se verá, que, se entender que a eventual anulação do acto acarreta a invalidade do contrato, o autor requeira a ampliação do objecto do processo à apreciação da validade do próprio contrato.

[69] Cfr., por exemplo, ALEXANDRA LEITÃO, "Da natureza jurídica dos actos praticados pela Administração no âmbito da execução dos contratos", *Cadernos de Justiça Administrativa* n.º 25, pp. 15 segs.

por terceiro, uma vez que o artigo 40.º, n.º 2, estende a terceiros a legitimidade para deduzir pedidos relativos à execução de contratos.

6.6. Uma última referência para a cumulação de impugnações de actos administrativos a que, em termos genéricos, se refere o artigo 47.º, n.º 4. Como a impugnação de actos administrativos, ao contrário do que sucedia até aqui (cfr. artigos 24.º e 38.º, n.º 3, alínea b), da LPTA), não fica sujeita a diferentes formas de processo, deixa de existir esse óbice à cumulação de impugnações. Por outro lado, mesmo nos casos contados em que a impugnação de um acto administrativo é da competência de um tribunal superior, determina o CPTA que também a esse tribunal incumbirá conhecer dos demais pedidos formulados: cfr. artigo 21.º, n.º 1, do CPTA; e ainda artigo 24.º, n.º 1, alínea e), do ETAF.

Em termos práticos, e atendendo também ao regime do artigo 63.º, a situação de cumulação que, neste domínio, parece merecer maior atenção é aquela em que no processo de impugnação de um acto administrativo se venham a impugnar actos cuja validade, por estarem inseridos no mesmo procedimento ou terem, em todo o caso, qualquer outro tipo de conexão, no plano substantivo, com o acto impugnado, dependa da existência ou da validade desse acto ([70]).

7. Princípio da igualdade das partes

O princípio da igualdade das partes, já em grande medida reconhecido na jurisdição administrativa, é consagrado no artigo 6.º com o específico alcance de erradicar a prática tradicional, destituída, aliás, de fundamento normativo, de que as entidades públicas não podiam ser objecto de sanções no contencioso administrativo, designadamente por litigância de má fé. Por outro lado, também se inspira na ideia de

---

([70]) Sobre a questão de direito substantivo, que aqui nos não deve ocupar, da determinação da existência, no plano substantivo, de nexos de dependência entre actos administrativos que possam fundamentar a cumulação de impugnações a que nos referimos no texto, cfr. M. AROSO DE ALMEIDA, *Anulação de actos administrativos...*, pp. 315 segs.

80 *Princípios do CPTA e seus corolários*

igualdade entre as partes, com consequências previsíveis sobre o grau da litigiosidade promovida pelas entidades públicas, sobretudo em via de recurso das decisões proferidas em primeira instância, a elementar sujeição das entidades públicas à obrigação de pagar custas, que o CPTA consagra no artigo 189.º, ficando a sua concretização apenas dependente da necessária revisão do regime das custas na jurisdição administrativa e fiscal.

8. Princípio da promoção do processo

Da maior importância, na economia do CPTA, é o princípio da promoção do processo, do artigo 7.º, que, a nosso ver, pode ser visto como mais um corolário do princípio da tutela jurisdicional efectiva, no sentido de que a efectivação da tutela jurisdicional exige a eliminação de obstáculos infundados e desproporcionados ao acesso à justiça, como aqueles que tradicionalmente conduzem, no nosso contencioso administrativo, ao elevadíssimo índice de decisões de mera forma, em que o tribunal se recusa a apreciar o mérito da causa [71].

---

[71] Como escreveu ROBIN DE ANDRADE, em parecer da Ordem dos Advogados sobre a reforma do contencioso administrativo, "o número de processos de contencioso administrativo que terminam sem um julgamento do mérito é um gravíssimo sintoma de que algo está profundamente errado no sistema existente", sucedendo que "o funcionamento actual do contencioso administrativo tem ainda hoje, como elemento caracterizador, uma persistente prática jurisprudencial de condicionamento excessivo do julgamento do mérito à verificação de um conjunto de pressupostos processuais cuja interpretação e aplicação é objecto de excessivas flutuações jurisprudenciais e consequentemente de consideráveis incertezas, o que se traduz com frequência na extinção das instâncias sem julgamento do mérito". No dizer do ilustre Advogado, "essa situação explica, em certa medida, a multiplicação de recursos de que, por cautela de patrocínio, os advogados são muitas vezes obrigados a lançar mão, a fim de evitar qualquer risco de incumprimento dos pressupostos processuais, o que contribui para a artificial multiplicação dos processos e consequente agravamento dos atrasos da justiça administrativa".

Também VIEIRA DE ANDRADE, *A Justiça Administrativa,* p. 57, fala, a este propósito, de um "formalismo excessivo e irrazoável", sobretudo determinado pela imposição de "condições de recorribilidade irrazoáveis (quanto à identificação do

Trata-se, na verdade, de dar corpo "a uma das mais pujantes linhas de renovação do processo contencioso administrativo contemporâneo: a da *sobreposição do imperativo da justiça material aos conceitualismos formalistas* que desnecessariamente inibem a reposição da legalidade nas situações concretas" [72].

a) Para além da imposição genérica consagrada no artigo 7.°, o CPTA estabelece soluções de efectiva promoção do acesso à justiça administrativa, no domínio da tramitação da acção administrativa especial, na medida em que, em diversos preceitos, admite a substituição da petição, determinando que a nova petição se considere apresentada na data do primeiro registo de entrada, para o efeito de não comprometer a tempestividade da sua apresentação em juízo (cfr. artigos 12.°, n.° 4, 14.°, n.° 3, 47.°, n.° 5, e 89.°, n.° 2), e elimina o despacho de indeferimento liminar, introduzindo entretanto a previsão de um despacho de correcção e aperfeiçoamento, mediante o qual se impõe ao juiz, na tramitação da acção administrativa especial, o dever de, no eventual despacho saneador, corrigir deficiências patentes ou convidar à correcção ou substituição dos articulados, quando tal se revele necessário para obviar a irregularidades de que padeçam ou para suprir excepções dilatórias: cfr. artigo 88.°.

b) Reveste-se, entretanto, de especial significado, do ponto de vista da consagração de soluções dirigidas a promover o acesso à justiça administrativa, a alteração que é introduzida no artigo 10.° ao cri-

---

acto recorrível, nem sempre fácil de fazer, ou quanto à sua qualidade de acto 'definitivo' e 'executório')". Em geral sobre o princípio em apreciação no texto, que o Autor apelida de *princípio do favorecimento do processo,* cfr., entretanto, *A Justiça Administrativa,* pp. 273-275.

[72] Cfr. SÉRVULO CORREIA, "Errada identificação do autor do acto recorrido; direcção do processo pelo juiz; efectividade da garantia constitucional de recurso contencioso; repressão da violação da legalidade", *Revista da Ordem dos Advogados,* Ano 54 (1994), III, p. 864 (este artigo acaba de ser republicado em SÉRVULO CORREIA/BERNARDO DINIZ DE AYALA/RUI MEDEIROS, *Estudos de Direito Processual Administrativo,* Lisboa, 2002, pp. 243 segs.).

tério de determinação da legitimidade passiva que, até aqui, era adoptado nos processos de impugnação de actos administrativos (e nas acções para reconhecimento de direitos ou interesses legítimos: cfr. artigo 70.°, n.° 1, da LPTA) e que dava origem a inextrincáveis dificuldades de ordem prática. Sobre essa alteração, já, aliás, aplaudida na doutrina ([73]), escreveu-se na exposição de motivos do CPTA:

"As inovações introduzidas no que diz respeito à legitimidade passiva e, mais concretamente, à identificação da entidade pública demandada em juízo foram determinadas por uma razão de natureza teórica e por duas razões de ordem prática.

"Como é sabido, é da tradição do nosso contencioso administrativo que, enquanto as acções são propostas contra as pessoas colectivas, quem defende a legalidade do acto impugnado em recurso contencioso é o órgão que praticou o acto. A partir do momento em que se admita, porém, que também quando se impugna um acto administrativo se está a propor uma acção contra uma entidade pública, não parecem subsistir razões que sustentem a diferenciação ([74]).

"Acresce, de um ponto de vista prático, que, a partir do momento em que se admite a possibilidade de, num mesmo processo, serem, por hipótese, cumuladas pretensões dirigidas à anulação de um acto administrativo e à reparação dos danos que esse acto tenha causado, torna-se inviável manter a distinção. Por outro lado, a necessidade, tradicionalmente imposta ao recorrente, de identificar com precisão o autor do acto recorrido constitui, muitas vezes, uma dificuldade injustificável" ([75]).

([73]) Cfr. Mário Torres, "Relatórios de síntese", *Cadernos de Justiça Administrativa* n.° 28, pp. 65-66.

([74]) Como, na mesma linha, sustentou Vieira de Andrade, *A Justiça Administrativa,* p. 219, a atribuição de personalidade judiciária aos órgãos administrativos tinha uma explicação histórica, "mas deixou de ter justificação a partir do momento em que se constrói o processo administrativo e em especial os meios impugnatórios como 'processos de partes'".

([75]) Cfr., a propósito, com referências ao estado do direito comparado sobre a matéria, Sérvulo Correia, "Errada identificação…", pp. 857 segs. e sobretudo 864 segs.

Ao que se justifica acrescentar entretanto, com Rui Machete, que, na tradição de os recursos contenciosos terem como uma das partes o órgão recorrido, "não se explica, nem é explicável, como é que se passa, em matéria de execução das sentenças, do órgão para a pessoa colectiva que é quem tem o património e é responsável pela execução da sentença. E, inclusivamente, como é que, em matéria de identidade das acções e do caso julgado, se garante o caso julgado quando haja mutação dos órgãos, quando haja órgãos com uma competência concorrente. E que, portanto, se ponha a questão de saber em que medida o órgão com uma competência concorrente — a Assembleia Geral ou o Conselho Directivo — são abrangidos pelo caso julgado que se fez em relação ao recurso interposto contra um acto de um outro órgão da mesma pessoa colectiva" [76].

A tudo isto se procurou dar resposta, como se explicou na Exposição de Motivos do CPTA, ao optar "por estabelecer, no artigo 10.º, que, quando a acção seja proposta contra uma entidade pública, parte demandada seja a pessoa colectiva de direito público ou o Ministério sobre cujos órgãos recaia o dever de praticar os actos, efectuar as prestações ou observar os comportamentos pretendidos, ou a cujos órgãos seja imputável a actuação ilegal impugnada. Sem prejuízo de a regra dever ser afastada quando esteja em causa um litígio entre órgãos da mesma pessoa colectiva. Porque, entretanto, se afigura justificado que, nos processos em que esteja em causa a actuação ou omissão de um determinado órgão administrativo, seja esse órgão a conduzir a defesa da conduta adoptada, admite-se, no artigo 11.º, que, nesses casos, possa ser ele a designar o representante a quem incumbe o patrocínio em juízo da pessoa colectiva ou do Ministério".

Resulta, pois, do artigo 10.º que, por regra, em todas as acções que no contencioso administrativo sejam intentadas contra entidades públicas, a legitimidade passiva corresponde à pessoa colectiva e não a um órgão que dela faça parte. Quando esteja em causa uma conduta, activa ou omissiva, de um órgão do Estado que esteja integrado num Ministério, a legitimidade é do Ministério a que o órgão per-

---

[76] Rui Machete, *O Debate Universitário*, p. 372.

84 *Princípios do CPTA e seus corolários*

tence. Só no âmbito de litígios entre órgãos da mesma pessoa colectiva (pense-se no exemplo de uma Câmara Municipal que pretende uma autorização ilegalmente recusada pela Assembleia Municipal) é que a legitimidade terá de pertencer a um órgão público, e não à pessoa colectiva ou ao Ministério a que esse órgão pertence. Trata-se de inovações que, a nosso ver, facilitarão grandemente o acesso dos cidadãos à justiça administrativa (77).

9. Princípio da simplificação da estrutura dos meios processuais

9.1. Referimo-nos, até aqui, aos princípios fundamentais que se encontram formalmente consagrados nos primeiros artigos do CPTA. A nosso ver, é, porém, possível e útil extrair do Código outros princípios de grande importância. E o primeiro deles pode ser qualificado como um *princípio de simplificação da estrutura dos meios processuais consagrados no contencioso administrativo português.*

Como é sabido, a Revisão Constitucional de 1997 reformulou o artigo 268.°, n.ºs 4 e 5, explicitando os mais relevantes componentes em que se desdobra e concretiza a tutela jurisdicional efectiva que o contencioso administrativo deve assegurar aos titulares de direitos ou interesses legalmente protegidos que possam ser de algum modo prejudicados pela actuação ilegal da Administração (78). Recorde-se que

---

(77) Como, no âmbito da discussão pública sobre a reforma do contencioso administrativo, referiu ROSENDO DIAS JOSÉ, *O Debate Universitário,* p. 28, se "a elevada percentagem de processos findos sem julgamento de fundo" constitui reconhecidamente um "mal de extrema gravidade, entre os que afectam este sector", a verdade é que, "num diagnóstico de quem trabalha nos tribunais administrativos há mais de doze anos, posso dizer que a rejeição de meios processuais e o não conhecimento de mérito são devidos, em medida muito importante, ao trágico problema da incerteza sobre a *distribuição de competências entre os órgãos* da Administração, mal que atinge as partes e os seus mandatários, e ao mesmo tempo também os juízes de todas as instâncias, porque são constantes as dúvidas, as discussões e a ocupação de parte importante do tempo com assuntos de competência".

(78) Sobre o alcance, neste domínio, da revisão constitucional de 1997, cfr., por todos, ANTÓNIO DUARTE DE ALMEIDA/CLÁUDIO MONTEIRO/JOSÉ LUÍS MOREIRA DA

já com a introdução, pela Revisão de 1989, de um novo n.º 5 do artigo 268.º, de alcance genérico, tinha sido constitucionalmente consagrado, de forma clara e nos mais amplos termos, o direito à tutela jurisdicional efectiva no âmbito do contencioso administrativo. Foi o conteúdo deste direito que, fundindo os anteriores n.ºs 4 e 5 do artigo 268.º, a Revisão Constitucional de 1997 veio explicitar, oferecendo para o efeito um elenco exemplificativo daquelas que entendeu serem as principais manifestações desse direito [79].

O objectivo do artigo 268.º, n.º 4, da Constituição, na redacção que lhe foi dada em 1997, é o de garantir aos particulares, de forma sincrética, um direito à "tutela jurisdicional efectiva dos seus direitos ou interesses legalmente protegidos", do qual "o reconhecimento desses direitos ou interesses, a impugnação de quaisquer actos administrativos que os lesem, independentemente da sua forma, a determinação da prática de actos administrativos legalmente devidos e a adopção de medidas cautelares adequadas" são claramente assumidos como manifestações, apenas indicadas a título exemplificativo.

Subjacente ao preceito constitucional parece estar, pois, o objectivo da superação definitiva do entendimento tradicional do contencioso administrativo como um *contencioso limitado* [80], em favor da consagração da ideia de que também no contencioso administrativo deve valer o princípio de que a cada direito — ou interesse legalmente protegido — corresponde uma acção, no sentido que a este princípio se confere no processo civil e que é o de que todo o direito ou interesse lesado deve poder ser accionado perante um tribunal e, assim, beneficiar da tutela jurisdicional adequada [81].

SILVA, "A caminho da plenitude da justiça administrativa", *Cadernos de Justiça Administrativa* n.º 7, pp. 3 e segs.

[79] Cfr. ainda VIEIRA DE ANDRADE, *Os direitos fundamentais...*, pp. 356 segs.; M. REBELO DE SOUSA, *Lições...*, pp. 475 segs.; GOMES CANOTILHO, *Direito Constitucional e Teoria da Constituição*, 5.ª ed., Coimbra, 2002, p. 499.

[80] Sobre o conceito de *contencioso limitado*, na acepção utilizada no texto, cfr. VIEIRA DE ANDRADE, *A Justiça Administrativa*, p. 121.

[81] Já ia neste sentido o primeiro projecto de Código do Contencioso Administrativo de 1990: v. FREITAS DO AMARAL, *Projecto de Código do Contencioso Administrativo*.

Ao mencionar entretanto a impugnação de actos administrativos apenas em segundo lugar, no âmbito do referido elenco exemplificativo, a Revisão Constitucional de 1997 deu um claro sinal no sentido da relativização do papel da impugnação de actos administrativos, como apenas uma das formas que pode assumir a actuação judicial dos particulares, para tutela dos seus direitos e interesses legalmente protegidos. A partir desse momento, tornou-se indiscutível a necessidade de abandonar a solução tradicional que remetia sempre a tutela contra actos administrativos para o limitativo recurso de anulação e só reconhecia poderes de plena jurisdição ao tribunal quando se tratasse de dirimir litígios gerados na ausência de actos administrativos.

9.2. A reforma do contencioso administrativo procurou dar finalmente resposta à evolução do quadro constitucional que acaba de ser referida. Na reforma intercalar de 1985, o legislador ordinário tinha optado por manter o clássico recurso de anulação nos seus traços essenciais [82] e por introduzir, no *contencioso das acções,* uma nova *acção para o reconhecimento de direitos ou interesses legalmente protegidos.* Como já noutra ocasião se fez notar, para esta solução terá contribuído a circunstância de o nosso contencioso administrativo, historicamente, se ter ido sedimentando a partir da instituição de vias específicas de acesso, sobre o pano de fundo da insindicabilidade da Administração, e não por referência à ideia de proporcionar uma tutela jurisdicional plena e sem lacunas a todos aqueles cujos direitos ou interesses pudessem ser afectados pela actuação ilegítima da Administração [83]. Nesta perspectiva se poderá talvez explicar, com efeito, que, ao que se apresentava como uma nova modalidade de tutela, o reconhecimento de direitos ou interesses legalmente protegidos, se tenha entendido fazer corresponder um novo meio processual, embora sem forma de processo própria que o diferenciasse: com efeito, a lei de 1985 submeteu

---

[82] Cfr. Rui Chancerelle de Machete, "A garantia contenciosa para obter o reconhecimento de um direito ou interesse legalmente protegido", in *Nos Dez Anos da Constituição,* Lisboa, 1986, pp. 241-242.

[83] Cfr. M. Aroso de Almeida, "Pronúncias judiciais e sua execução…", p. 72.

Grandes Linhas da Reforma do Contencioso Administrativo

as acções para reconhecimento de direitos ou interesses legítimos, como regra, à tramitação dos recursos de actos administrativos dos órgãos da administração local.

Na mesma linha tradicional se orientava ainda o anteprojecto de Código de Processo nos Tribunais Administrativos que foi submetido a discussão pública durante o ano 2000, ao propor que a diferentes tipos de pretensões e de pronúncias judiciais correspondesse a instituição de distintos meios processuais principais com campos diferenciados de intervenção, no âmbito de cada um dos quais essas pretensões deveriam ser accionadas e essas pronúncias poderiam ser proferidas [84].

O novo CPTA segue um rumo diverso, fazendo com que os diferentes tipos de pretensões deixem de ser artificialmente associados a meios processuais sem forma de processo própria que os diferencie, para passarem a ser reconduzidos às formas de processo que efectivamente existem no contencioso administrativo e que não são, como nunca foram, tão numerosas como isso [85]. Valerá a pena retomar,

---

[84] Nessa linha, propondo a criação de uma nova *acção para determinação da prática de acto administrativo legalmente devido,* segundo uma lógica que VASCO PEREIRA DA SILVA qualificou como "do *enxerto*", cfr. *O Debate Universitário,* p. 68, e CJA n.º 19, p. 13.

[85] Merecem, nesta perspectiva, relevo as considerações tecidas, durante a discussão pública sobre a reforma do contencioso administrativo, por FREITAS DO AMARAL, *O Debate Universitário,* pp. 92-93, que, recordando precisamente a "linha de continuidade da tradição histórica portuguesa", que foi acrescentando novas acções às acções tradicionais e regulando, depois, cada um dos tipos de acções de uma maneira separada, sustentou ser altura de dar um passo em frente e uniformizar o chamado *contencioso das acções* num "tronco comum, com uma única acção administrativa", precisamente à luz do critério da forma de processo, da tramitação processual que é seguida; e por SÉRVULO CORREIA, *Idem,* pp. 513 segs. (CJA n.º 22, pp. 23 segs.), designadamente quando, a p. 515 (CJA n.º 22, p. 24), se referia à preservação, "em termos não diferentes no essencial dos verificados na LPTA", de uma diversidade de meios processuais resultante da "ramificação duma matriz dualista cujos polos são o recurso contencioso de anulação e o processo civil de declaração", pois que, no essencial, o *contencioso das acções* se regia, "para além das poucas normas próprias do processo de cada uma" das acções, pelos termos do processo civil de declaração.

pese embora a sua extensão, o que na Exposição de Motivos do CPTA se escreveu a este respeito:

"Sem prejuízo do disposto em matéria cautelar, o imperativo constitucional de assegurar que a justiça administrativa proporcione a quem dela necessite uma tutela judicial efectiva exige, nas palavras do legislador constituinte, que os administrados, para além de poderem impugnar os actos administrativos e as normas que os lesem, possam obter dos tribunais administrativos o reconhecimento dos seus direitos ou interesses, bem como a determinação da prática de actos administrativos legalmente devidos. Impunha-se, por isso, modificar o sistema, por forma a ampliar o leque das providências que os tribunais administrativos podem conceder a quem a eles recorre.

[...] "O referido alargamento do leque das providências que os tribunais administrativos podem conceder a quem a eles recorre não tem, entretanto, que ter expressão ao nível da determinação das formas pelas quais se rege a tramitação dos processos no contencioso administrativo.

"Como tem sido assinalado na doutrina, embora o nosso contencioso administrativo tradicional preveja diferentes meios de acesso à justiça administrativa, a verdade é que ele não faz corresponder uma tramitação própria e, portanto, uma forma de processo específica a cada um desses meios. É assim que, no modelo tradicional, diferentes meios processuais obedecem a uma mesma forma de processo, correspondendo-lhes assim uma mesma tramitação e que o recurso contencioso de anulação segue duas tramitações diferentes, consoante o autor do acto impugnado.

"A introdução da necessária racionalidade na regulação do processo nos tribunais administrativos aconselha a adopção de uma nova metodologia na estruturação das vias de acesso à justiça administrativa, que deixe de colocar o acento tónico nos chamados meios processuais — que, na verdade, correspondem ao elenco dos diferentes tipos de pretensões que podem ser accionadas perante os tribunais administrativos —, para utilizar como ponto de referência as formas de processo, os modelos de tramitação a que obedecem os processos que correm no contencioso administrativo. Sem que, como foi dito, o alargamento do quadro das pretensões que podem ser accionadas e das providências que podem ser outorgadas no âmbito do contencioso administrativo conduza a uma multiplicação das formas de processo.

"Neste quadro de ideias se compreendem as opções em que assenta a estrutura do Código de Processo nos Tribunais Administrativos. Na verdade, elas partem do entendimento de que, sem prejuízo de excepções de âmbito circunscrito ou da introdução de uma ou outra particularidade em certos domínios, os processos do contencioso administrativo devem seguir uma de duas tramitações principais:

1. A tramitação que se optou por qualificar como *"comum"* e que, remetendo para o modelo do processo civil de declaração, corresponde basicamente à que é tradicionalmente seguida no clássico *contencioso das acções*. Embora a tradição do nosso contencioso administrativo seja a de remeter, no contencioso das acções sobre contratos e responsabilidade, para o processo civil de declaração na forma ordinária, a remissão passa a ser feita também para a forma sumária e para a forma sumaríssima, em função do valor da causa [86].

2. A tramitação que se entendeu qualificar como *"especial"*, por contraposição à primeira, por obedecer a um modelo específico, próprio do contencioso administrativo, e que, embora com diversas adaptações que o aproximam da forma de processo *"comum"*, resulta da fusão das duas formas de tramitação do recurso contencioso de anulação.

"Nesta perspectiva se desenvolve o Código ao longo de um Título II, que se refere à *"acção administrativa comum"* sem reger a respectiva tramitação, que remete para o CPC, e de um Título III, que regula a *"acção administrativa especial"*, disciplinando a respectiva trami-

---

[86] Sobre este aspecto particular, cfr. SÉRVULO CORREIA, *O Debate Universitário*, p. 529 (CJA n.º 22, pp. 33-34).

tação no seu capítulo III; ao que se segue, ainda quanto aos processos principais, o regime dos processos urgentes, estabelecido no Título IV.

"Adoptado, pois, o critério das formas de processo como parâmetro estrutural, é a propósito de cada forma de processo que se faz referência aos tipos de pretensões que podem ser accionadas no contencioso administrativo, regulando os aspectos específicos que a respeito de cada um deles cumpre definir. Nesta perspectiva se deve entender a referência que às pretensões accionáveis é feita, sobretudo no Capítulo II do Título III do Código (artigos 50.° e seguintes). Como claramente resulta do disposto nos artigos 46.° e 47.°, não se trata aí de instituir pretensos meios processuais, autónomos e entre si separados de modo estanque, mas apenas de estabelecer um conjunto de regras particulares, próprias à accionabilidade de cada um dos tipos de pretensões aí previstos — no óbvio pressuposto de que todas elas são accionadas pela forma da *acção administrativa especial* e que, quando tal seja possível e se justifique, elas podem mesmo ser cumuladas entre si, tal como podem ser cumuladas com outras pretensões, às quais, se isoladamente formuladas, corresponderia a forma da *acção administrativa comum*" [87].

9.3. O CPTA estruturou, assim, a tramitação dos processos principais em torno de dois modelos principais.

O primeiro desses modelos corresponde à *acção administrativa comum*, caracterizada por admitir a dedução genérica de pedidos de condenação, de mera apreciação e constitutivos, sempre que não tenha sido emitido nem se pretenda a emissão de um acto administrativo ou de uma norma: cfr. Título II. O outro modelo corresponde à *acção administrativa especial*, caracterizada pelo facto de se reportar à prática ou omissão de actos administrativos ou de normas: cfr. Título III.

---

[87] Como propunha SÉRVULO CORREIA, *O Debate Universitário*, p. 529 (CJA n.° 22, p. 34), a tramitação da acção administrativa especial é "decalcada da pensada para os litígios sobre a invalidade de actos administrativos", havendo, entretanto, "reduzidos núcleos de regras processuais próprias" a cada um dos tipos de pretensões accionáveis por essa via.

Grandes Linhas da Reforma do Contencioso Administrativo 91

Depois, o CPTA agrupou, no Título IV, os "processos urgentes". Trata-se de um conjunto heterogéneo de processos que, ou seguem uma tramitação própria, estruturada em termos céleres, como sucede no caso das intimações (cfr. artigos 104.º e segs.), ou seguem o modelo da acção administrativa especial, mas com adaptações destinadas a torná-lo mais célere, como sucede com os processos de contencioso eleitoral e pré-contratual, que, por este motivo, adoptam o nome de impugnações urgentes (cfr. artigos 97.º e segs.). Em qualquer caso, estamos, nestes casos, perante tramitações total ou parcialmente diferenciadas e, portanto, perante formas de processo distintas daquelas que o CPTA qualifica como *acção administrativa comum* e *acção administrativa especial*.

Tal como sucedia com o seu antecessor, o chamado *processo de execução de julgados,* também o novo *processo de execução das sentenças de anulação de actos administrativos* pode ser qualificado como um processo especial, declarativo, autónomo. Como não se trata, porém, propriamente de um processo urgente, mas de um processo cujo traço distintivo reside no facto de ter como pressuposto uma sentença de anulação proferida em processo anterior e poder constituir a antecâmara para a adopção, no fim da linha (cfr. artigo 179.º, n.ºs 4, 5 e 6), de providências executivas, compreende-se a sua localização sistemática no Título VIII, junto com os (verdadeiros) processos executivos: cfr. artigos 173.º e seguintes.

A adopção dos critérios de arrumação das formas de processo principais, nos termos enunciados, contrapostas à tutela cautelar do Título V, apresenta, entre outras, a vantagem de eliminar o criticado e criticável critério adoptado na LPTA, de algum modo assente na dicotomia entre *meios processuais principais* e *meios processuais acessórios* [88].

A) A acção administrativa comum

Tem longa tradição, no contencioso administrativo português, o chamado *contencioso das acções*, respeitante aos processos relativos à res-

---

[88] Criticando esse critério, cfr. VIEIRA DE ANDRADE, *A Justiça Administrativa,* pp. 173-174.

ponsabilidade civil da Administração e a litígios sobre contratos administrativos. Este contencioso era tradicionalmente qualificado como *contencioso por atribuição*, na medida em que dizia respeito a questões que, por não envolverem a fiscalização de manifestações de autoridade da Administração, não integravam o núcleo duro da jurisdição administrativa, para o qual tinha sido concebido um meio processual próprio, o recurso contencioso. Assim como a apreciação destas questões tinha sido cometida à competência dos tribunais administrativos, entendia-se que, em tese, ela também o poderia ter sido à competência dos tribunais comuns. E dada a sua falta de especificidade, a tramitação dos respectivos processos não seguia um modelo próprio do contencioso administrativo, mas o modelo do processo declarativo comum, regulado no CPC ([89]).

Hoje, já não faz sentido colocar a questão nestes termos. Litígios como aqueles que tradicionalmente integravam o chamado contencioso por atribuição já não podem deixar de ser qualificados como litígios emergentes de relações jurídico-administrativas, cuja apreciação a CRP formalmente comete aos tribunais administrativos ([90]). O CPTA continua, no entanto, a distinguir, dentro do âmbito da jurisdição administrativa, os litígios que, dizendo respeito à prática ou omissão de actos administrativos ou de normas, contendem com o exercício de poderes de autoridade por parte da Administração, daqueles que, pelo contrário, não têm essa característica.

Os primeiros, ainda que não se possa propriamente dizer que constituem, sozinhos, o núcleo duro da jurisdição administrativa, a verdade é que têm implicações e colocam exigências que justificam uma atenção especial — e essa atenção concretiza-se na instituição de uma forma processual específica do contencioso administrativo, a *acção administrativa especial*, destinada a regular a tramitação dos respectivos

---

([89]) Cfr., por todos, MARCELLO CAETANO, *Manual de Direito Administrativo*, vol. II, 10.ª ed. (reimpressão), Coimbra, 1986, pp. 1389-1390; DIOGO FREITAS DO AMARAL, *Direito Administrativo*, vol. IV, Lisboa, 1988, pp. 75-77; M. REBELO DE SOUSA, *Lições...*, p. 473.

([90]) Cfr. M. REBELO DE SOUSA, *Lições...*, pp. 474-475.

processos. Pelo contrário, os segundos não necessitam de uma tramitação específica, e por isso o Código os faz corresponder à *acção administrativa comum*, que segue os termos do processo declarativo do CPC [91].

Definida como o modelo de tramitação a que correspondem todos os processos que tenham por objecto litígios cuja apreciação se inscreva no âmbito da jurisdição administrativa e que nem no Código nem em legislação avulsa sejam objecto de regulação especial, a acção administrativa comum corresponde, assim, ao "meio processual que, podendo culminar com sentenças condenatórias, de simples apreciação e constitutivas, recebe no seu âmbito todos os litígios jurídico-administrativos excluídos pela incidência típica dos restantes meios processuais" [92].

a) Em bom rigor, dizer que, com o CPTA, determinado tipo de pretensões segue a forma da acção administrativa comum, mais não é, pois, do que dizer que a tramitação de tais pretensões segue a forma do processo declarativo do CPC. Embora nele não esgote o seu âmbito de intervenção, a acção administrativa comum cobre, assim, antes de mais, o clássico contencioso das acções em matéria de responsabilidade civil extracontratual e em matéria contratual, que, por conseguinte, passam a ser dois dos tipos de processos que seguem o modelo da acção administrativa comum, como tal enunciados nas alíneas f) e h) do n.° 2 do artigo 37.°.

---

[91] Cfr. artigo 42.°. Tenha-se, no entanto, presente que, segundo o disposto no artigo 40.°, n.° 2, do ETAF, "nas acções administrativas comuns que sigam o processo ordinário, o julgamento da matéria de facto é feito em tribunal colectivo, se tal for requerido por qualquer das partes e desde que nenhuma delas requeira a gravação da prova".

[92] Para utilizar a fórmula proposta por SÉRVULO CORREIA, *O Debate Universitário,* pp. 519 e 520 (CJA n.° 22, p. 27), onde o Autor faz notar a vantagem de a nova acção permitir "dispensar a existência de uma acção residual do tipo da do artigo 73.° da LPTA". Com o que se parece ir ao encontro do propósito subjacente ao artigo 268.°, n.° 4, da CRP: cfr., a propósito, VIEIRA DE ANDRADE, *A Justiça Administrativa,* p. 65, nota 25.

Por este motivo, uma parte das disposições particulares do Código, no domínio da acção administrativa comum, dizem respeito a estes processos, "encontrando o seu lugar como regras especiais na disciplina legislativa duma acção administrativa comum regida em tudo o resto por força de remissão para o processo de declaração do CPC" [93].

De entre essas disposições, merece destaque, pela sua importância, o artigo 40.º, que, dando resposta a insistentes reivindicações nesse sentido, amplia largamente a legitimidade para fazer valer a invalidade, total ou parcial, dos contratos celebrados pela Administração Pública e para suscitar questões relativas à execução desses contratos, bem para além das partes na relação contratual.

b) Para além do clássico contencioso das acções de responsabilidade e sobre contratos, a acção administrativa comum é, de um modo geral, a forma que corresponde a todo e qualquer processo em que se pretenda a condenação da Administração ao cumprimento de deveres de prestar que não envolvam a emissão de um acto administrativo impugnável, nem devam ser objecto de um dos dois processos urgentes de intimação que o Código prevê nos seus artigos 104.º e seguintes. A acção administrativa comum cobre ainda as acções não especificadas a que se referia o artigo 73.º da LPTA e que podem ser, designadamente, intentadas por entidades públicas contra outras entidades públicas ou contra particulares [94].

Recorde-se, a propósito, que o elenco exemplificativo das pretensões susceptíveis de serem accionadas pela via da acção administrativa comum que consta do artigo 37.º, n.º 2, não tem o propósito nem o alcance de tipificar distintos meios processuais, separados entre si, em termos de obrigar os interessados, à maneira tradicional, a descobrirem a qual deles corresponde a sua pretensão, sob pena de incor-

---

[93] Cfr. SÉRVULO CORREIA, *O Debate Universitário,* p. 518 (CJA n.º 22, pp. 26--27).

[94] Sobre as acções não especificadas previstas no artigo 73.º da LPTA, cfr. VIEIRA DE ANDRADE, *A Justiça Administrativa,* pp. 154-156.

Grandes Linhas da Reforma do Contencioso Administrativo 95

rerem em erro, por inadequação do meio processual utilizado. Trata-
-se apenas de clarificar o sentido da fórmula genérica enunciada no
n.º 1, esclarecendo os interessados sobre alguns dos principais tipos de
pretensões que, separada ou cumulativamente, podem fazer valer através da acção administrativa comum.

B) A acção administrativa especial

Como se explicou na Exposição de Motivos da respectiva proposta de lei, o CPTA "subscreveu a proposta formulada no estudo da
Accenture, S.A., de acordo com a qual deveria ser adoptada uma
matriz dualista que tivesse como pilares uma acção administrativa
comum e um recurso contencioso de âmbito alargado" — ou, mais
precisamente, que deveria ser mantida a tradicional matriz bipolar,
assente na contraposição entre duas formas de processo (a forma do
recurso contencioso e a forma processual comum tradicionalmente
seguida no *contencioso das acções*), embora, na senda de proposta nesse
sentido formulada por Sérvulo Correia, com o alargamento do
âmbito de aplicação da forma do recurso contencioso aos processos
em que fosse requerida a determinação judicial de actos administrativos ilegalmente recusados ou omitidos ou estivesse em causa o
poder normativo da Administração [95].

A clássica designação *"recurso contencioso"* foi, no entanto, abandonada, uma vez que a nova forma de processo que sucede à do recurso
contencioso não se destina apenas a regular a tramitação de processos
impugnatórios (de actos administrativos e de normas), mas também a
tramitação de processos dirigidos à prática de actos administrativos ou

---

[95] Para a exposição das posições de Sérvulo Correia, cfr. o seu importante
texto, "Unidade ou pluralidade de meios processuais principais no contencioso administrativo" (publicado in *O Debate Universitário,* pp. 513 segs., *Cadernos de Justiça Administrativa* n.º 22, pp. 23 segs., e, agora, ainda em Sérvulo Correia/Bernardo
Ayala/Rui Medeiros, *op. cit.,* pp. 191 segs., e já várias vezes aqui citado por referência aos dois primeiros lugares), que dá detida conta da perspectiva que veio a estar
subjacente às propostas nesta matéria formuladas no estudo da *Accenture, S.A.*

à emissão de normas devidas, em que o que está em causa não é a impugnação de um acto administrativo ou de uma norma ([96]).

Desde logo por este motivo, prejudicial em relação a quaisquer outros ([97]), afigura-se mais ajustada a designação *acção administrativa especial* do que *recurso contencioso* — com o que, aliás, se dá o devido relevo às considerações formuladas por Sérvulo Correia, ao reconhecer que nos encontramos perante "um meio processual especial por força da sua relação com a *acção administrativa comum* nos termos do mecanismo de exclusão", mas de um meio processual que, no entanto, "deve, dados a amplitude da sua incidência e o grau de desenvolvimento da sua tramitação, merecer na sistemática do Código um capítulo próprio, paralelo ao dedicado à *acção administrativa comum*" ([98]), e, assim, distinto daquele que corresponde aos processos especiais urgentes, como as intimações.

Dentro da referida matriz dualista, a acção administrativa especial distingue-se, como já foi referido, pelo facto de se reportar a

---

([96]) Já nesse sentido notava Sérvulo Correia, *O Debate Universitário,* p. 524 (CJA n.° 22, p. 30), que "a expressão *recurso contencioso* não reflectirá com geométrico rigor o âmbito de incidência de um meio processual que admita o pedido de condenação na prática de acto administrativo legalmente devido: aqui não se trata de rever uma decisão imperativa mas de ordenar a sua tomada", reconhecendo, por isso, que, "a pretender-se uma absoluta correspondência entre o nome do instituto processual e o leque das suas funções, ter-se-ia de dar outro nome a esse processo que tanto servisse para apreciar a legalidade de actos administrativos pretéritos como para condenar na prática de actos futuros". No âmbito da discussão pública sobre a reforma do contencioso, a designação "recurso contencioso" tinha sido, porém, desde logo criticada por António Cândido de Oliveira, *O Debate Universitário,* p. 80, para quem "a expressão '*recursos*' deve ser reservada para a impugnação de decisões judiciais".

([97]) Sobre os quais se podem confrontar os diversos trabalhos publicados, ao longo do tempo, por Vasco Pereira da Silva, em torno da ideia de que o recurso contencioso era *uma acção chamada recurso:* por último, cfr. "O nome e a coisa — A acção chamada recurso de anulação e a reforma do contencioso administrativo", *Cadernos de Justiça Administrativa* n.° 22, pp. 36 segs., onde o Autor sustenta viver o recurso de anulação uma "crise de identidade" que se reflectia no seu próprio nome.

([98]) Cfr. ainda *O Debate Universitário,* p. 520 (CJA n.° 22, p. 28).

Grandes Linhas da Reforma do Contencioso Administrativo 97

manifestações de poder público — a prática ou a omissão de actos administrativos ou de normas. A autonomia da acção administrativa especial, enquanto forma de processo própria do contencioso administrativo, funda-se no entendimento de que "as especificidades das relações jurídico-administrativas requerem um quadro processual específico quando aquelas comportam o exercício de poderes da Administração" [99], "por regra associadas a um procedimento administrativo e, por outro lado, relacionadas com interesses públicos cuja tutela no processo merece especial atenção" [100].

É, na verdade, neste ponto que, a nosso ver, radica a explicação do modelo da acção administrativa especial, com o âmbito de aplicação que lhe corresponde. Estamos, com efeito, perante uma tramitação que, sendo muito mais próxima daquela que preside ao processo declarativo nos tribunais comuns do que era o recurso contencioso, se diferencia sobretudo pela relevância que confere ao envio, por parte da entidade demandada, do *processo administrativo* respeitante ao acto administrativo ou à norma emitidos ou omitidos (porventura, recusados) (cfr. artigo 84.º), pela intervenção do Ministério Público, guardião da legalidade, do interesse público e dos direitos fundamentais (cfr. artigo 85.º), e por uma certa propensão para prescindir da existência de instrução e de oralidade, ao admitir que, em muitos casos, as questões poderão ser analisadas e decididas sem necessidade de produção de prova, designadamente por a matéria de facto, documentalmente fixada, não ser controvertida (cfr. artigos 90.º e 91.º).

Como se escreveu na Exposição de Motivos do CPTA, "tal como sucedia com a tramitação do recurso contencioso, as especificidades que caracterizam a acção administrativa especial continuam, assim, a resultar do facto de se fazer corresponder esta forma de processo a litígios centrados no exercício de poderes por parte das autoridades administrativas", poderes cujo exercício tende a ser documentado e deve ser objecto de fiscalização acrescida. São especificidades

---

[99] Para recorrer a uma expressão de SÉRVULO CORREIA, *O Debate Universitário,* p. 517 (CJA n.º 22, p. 25).

[100] Para retomar a Exposição de Motivos do CPTA.

que, no fundo, preservam certos traços característicos do antigo processo de recurso contencioso, fazendo com que, pesem embora os diversos desenvolvimentos, a acção administrativa especial ainda continue a apresentar-se estruturada à maneira de um *processo revisor*, para utilizar a expressão espanhola, isto é, seguindo uma tramitação estruturada, senão propriamente em torno de um acto cuja validade se trata de fiscalizar, pelo menos em torno da questão do exercício de poderes de definição jurídica unilateral.

Não se afigura, entretanto, anómala a circunstância de, à mesma forma de processo, o CPTA fazer corresponder pretensões heterogéneas, que tanto se podem dirigir à anulação ou declaração de nulidade ou inexistência de actos administrativos, como à condenação à prática de tais actos ou à declaração da ilegalidade da prática ou da omissão de normas (cfr. artigo 46.°). Na verdade, as diferentes pretensões não se dissolvem nem perdem a sua identidade própria por seguirem os termos de uma mesma forma de processo.

Com efeito, uma coisa são os diferentes tipos de pretensões que podem ser accionados segundo a forma da acção administrativa especial, e outra diferente é a tramitação a que obedece a respectiva dedução em juízo. Cada tipo de pretensão tem a sua natureza própria e o seu próprio regime substantivo, que o tribunal apreciará e aplicará no momento de decidir do mérito da causa; e a dedução de cada tipo de pretensão obedece a requisitos específicos, que o CPTA regula separadamente: cfr. artigos 50.° e seguintes. Contudo, nada disto compromete o sentido da opção de se submeter a uma mesma forma de processo a tramitação de pretensões que, sendo embora heterogéneas do ponto de vista substantivo, se entendeu que, do ponto de vista da tramitação processual, tinham traços comuns pelo facto de se reportarem à prática ou à omissão de normas ou de actos administrativos.

C) Os processos urgentes

Sem prejuízo da já referida aposta no aprofundamento da tutela cautelar — no estrito respeito, de resto, pela determinação contida no artigo 268.°, n.° 4, da Constituição —, o CPTA dá o devido desta-

Grandes Linhas da Reforma do Contencioso Administrativo

que, como já tinha sido antecipado, à tutela principal urgente, ao autonomizar, no seu Título IV, o regime dos principais processos urgentes do contencioso administrativo.

A estrutura do Título IV assenta numa bipartição entre "impugnações urgentes" e "intimações", em cada um destes domínios prevendo o Código duas modalidades de processos.

a) Às "impugnações urgentes" é aplicável o que no Título III se dispõe para o processo impugnatório comum, com as adaptações que no Título IV se estabelecem: cfr. artigos 97.°, n.° 1, e 100.°, n.° 1.

Os dois tipos de processos urgentes que o CPTA prevê nos artigos 97.° a 103.° já existiam, sensivelmente nos mesmos moldes, no direito anterior, sem que, quanto a eles, tenham sido introduzidas modificações muito significativas. Isto vale, em particular, para o regime do "contencioso eleitoral", dos artigos 97.° a 99.°, que apenas introduz modificações muito pontuais e sem grande relevo ao regime dos artigos 59.° a 62.° da LPTA.

Já no que se refere ao que se optou por chamar "contencioso pré-contratual", ele também resulta, no essencial, da incorporação no Código do regime do Decreto-Lei n.° 134/98, de 15 de Maio, na parte respeitante à impugnação contenciosa de actos administrativos relativos à formação dos contratos abrangidos pelo âmbito de aplicação das Directivas n.° 89/665/CEE, de 21 de Dezembro, e n.° 92/13/CEE, de 25 de Fevereiro ([101]).

Como se referiu na Exposição de Motivos do CPTA, "foi suscitada, no âmbito da discussão pública, a questão de saber se não seria contraditório reconhecer carácter urgente a este tipo específico de processos, quando a outros, eventualmente mais lesivos, não é dado o mesmo tratamento. E pelo menos proposta a extensão deste regime ao contencioso pré-contratual no seu conjunto, abrangendo todos os

---

([101]) A parte respeitante à tutela cautelar (do artigo 5.° do Decreto-Lei n.° 134/98) consta do artigo 132.° e as demais disposições (dos artigos 6.° e 7.° do mesmo Decreto-Lei) foram, entretanto, remetidas para o artigo 188.° e para o artigo 2.° da Lei n.° 15/2002.

processos impugnatórios de decisões tomadas em procedimentos relativos à formação de contratos ([102]). Foi tida, no entanto, em conta a advertência, tantas vezes repetida, de que a generalização da urgência tem efeitos perversos, pois onde tudo é urgente, nada é urgente. Justifica-se, por isso, alguma parcimónia na administração dos processos urgentes, por forma a assegurar as condições para que, nesses específicos processos, a ugência funcione. Não parece que a extensão do regime a todo o universo das questões pré-contratuais, que, em muitos aspectos, não colocam questões sensivelmente diversas, de resto, daquelas que noutros domínios se levantam (pense-se apenas no exemplo dos concursos na função pública...), se compadeça com esta directriz". Por este motivo optou o CPTA, no artigo 100.º, n.º 1, por circunscrever o âmbito de aplicação do processo de impugnação urgente de actos pré-contratuais apenas à impugnação de actos administrativos relativos à formação dos contratos abrangidos pelo âmbito de aplicação das mencionadas Directivas comunitárias.

b) As *intimações* constituem *processos urgentes de imposição* que, à partida, tanto se podem dirigir à realização de operações materiais por parte da Administração, como à prática de actos administrativos.

É o que precisamente sucede com a intimação para protecção de direitos, liberdades e garantias, que vem concretizar, no domínio do contencioso administrativo, a garantia consagrada no artigo 20.º, n.º 5, da CRP ([103]). Este meio processual urgente tanto pode ser utilizado para obter da Administração a adopção ou abstenção de uma conduta ou a realização de uma prestação que não envolva a prática de um acto administrativo (ou ainda a adopção ou abstenção de con-

---

([102]) Neste sentido, cfr. MARIA JOÃO ESTORNINHO, "Contencioso dos contratos da Administração Pública", *Cadernos de Justiça Administrativa* n.º 24, pp. 14-15.

([103]) A necessidade da construção de um processo específico para defesa dos direitos, liberdades e garantias pessoais, por forma a dar cumprimento à imposição legiferante contida no artigo 20.º, n.º 5, da CRP, tinha sido assinalada, no âmbito da discussão pública sobre a reforma do contencioso administrativo, por VIEIRA DE ANDRADE, *O Debate Universitário*, p. 56. Mas cfr. também ISABEL FONSECA, *Idem*, p. 271; FERNANDA MAÇÃS, *Idem*, p. 359, com exemplos ilustrativos na nota 10.

dutas por particulares), como para obter a própria emissão de um acto administrativo: cfr. artigos 109.° e seguintes.

O CPTA transforma, entretanto, a intimação para consulta de documentos ou passagem de certidões, dos artigos 82.° e seguintes da LPTA, num processo principal de âmbito mais alargado, com o que mais não faz do que formalizar uma evolução que, ao longo dos anos, já tinha conduzido, na prática, à transformação daquele instituto, originariamente pensado para funcionar como um meio processual acessório, num processo autónomo, por meio do qual podem ser exercidos os direitos fundamentais à informação procedimental e ao acesso aos arquivos e registos administrativos [104]. Daí a nova designação: "Intimação para a prestação de informações, consulta de processos ou passagem de certidões".

A configuração desta intimação como um processo principal não impede, no entanto, que ela continue a poder ser utilizada, quando necessário, como um meio acessório, apto a obter elementos destinados a instruir pretensões a deduzir pela via administrativa ou pela via contenciosa, suspendendo, nesse caso, os eventuais prazos de impugnação que estejam em curso. Isto mesmo se determina nos artigos 104.° e 106.°.

Cumpre, por fim, assinalar que o Título IV do CPTA se limita a estabelecer o regime dos principais processos urgentes do contencioso administrativo — sem prejuízo, portanto, da existência de outros, consagrados em lei especial.

---

[104] Sobre a evolução referida no texto, cfr., por todos, RAQUEL CARVALHO, *O direito à informação administrativa procedimental*, Porto, 1999, pp. 294 segs., e *Lei de acesso aos documentos da Administração,* Porto, 2000, pp. 62 segs., com amplas referências jurisprudenciais; SÉRVULO CORREIA, "O direito dos interessados à informação: *ubi ius, ibi remedium*", e JOSÉ EDUARDO FIGUEIREDO DIAS, "Relevo prático da intimação para consulta de documentos na garantia jurisdicional do direito à informação dos administrados", ambos em *Cadernos de Justiça Administrativa* n.° 5, pp. 3 segs. e 50 segs., respectivamente; CARLOS CADILHA, "Intimações", *Cadernos de Justiça Administrativa* n.° 16, p. 63.

10. Princípio da flexibilidade do objecto do processo

Outro importante princípio que inspira diversas soluções consagradas ao longo do CPTA é, quanto a nós, o *princípio da flexibilidade do objecto do processo.*

a) Este princípio está, desde logo, subjacente à possibilidade de o objecto do processo se convolar na fixação de uma indemnização por razões de impossibilidade ou grave prejuízo para o interesse público, que se encontra prevista no artigo 45.°, para o qual entretanto também remete o artigo 49.°.

Embora consagrada nos referidos artigos com alcance geral, por se admitir que o fenómeno pode, na verdade, ocorrer em múltiplas situações, e tanto no domínio da acção administrativa comum, como no da acção administrativa especial, a previsão tem em mente, em primeira linha, as situações de antecipação, para o domínio dos processos principais, da já tradicional previsão da verificação de eventuais *causas legítimas de inexecução* que possam obstar ao cumprimento dos deveres que, em princípio, decorreriam da anulação dos actos administrativos: a partir do momento em que se admite a possibilidade de antecipar para o processo impugnatório a apreciação, por referência naturalmente ao momento presente, da questão de saber o que se deve fazer para extrair as consequências devidas da anulação, é natural que também para esse momento sejam antecipadas considerações que até aqui só encontravam o seu lugar noutra sede ([105]).

([105]) Como decorre do confronto entre os n.°s 1 e 5 do artigo 45.°, a indemnização a que se refere o primeiro destes preceitos parece corresponder à "indemnização devida pelo facto da inexecução", a que se reporta o artigo 166.°, n.° 1, pelo que não parece cobrir todos os danos que possam ter resultado da actuação ilegítima da Administração, danos esses que (a menos, naturalmente, que o pedido da respectiva indemnização também tenha sido desde o início cumulado no mesmo processo) só parecem poder ser objecto de acção autónoma: para a distinção entre a "indemnização devida pelo facto da inexecução" e aquela que se destina a reparar todos os danos causados pelo acto ilegal, cfr. M. AROSO DE ALMEIDA, *Anulação de actos administrativos...,* pp. 816 segs.

Grandes Linhas da Reforma do Contencioso Administrativo 103

b) Também merece referência o disposto no artigo 63.º, que vem introduzir uma inovação da maior importância para a transformação do contencioso de impugnação de actos administrativos num contencioso cujo objecto não se circunscreva necessariamente à apreciação da validade de um único acto administrativo, mas passe a disciplinar todo o quadro da relação jurídico-administrativa em que se inscreve o acto impugnado. Com efeito, o referido artigo prevê um conjunto de situações em que, na pendência do processo impugnatório de um acto administrativo, o objecto desse processo passa a poder ser estendido à impugnação de outros actos (ou contratos) com ele de algum modo relacionados.

Em termos genéricos, a cumulação de pretensões impugnatórias dirigidas contra actos conexos entre si enquadra-se, desde logo, na previsão do artigo 4.º, n.º 1, alínea a), que admite a cumulação sempre que "os pedidos estejam entre si numa relação de prejudicialidade ou de dependência, nomeadamente por se inscreverem no âmbito da mesma relação jurídica material"; e encontra expressão, por forma mais concretizada, no artigo 47.º, n.º 4, alínea a), que, já no que especificamente diz respeito à cumulação de impugnações de actos administrativos, a admite quando os actos a impugnar "se encontrem entre si colocados numa relação de prejudicialidade ou de dependência, nomeadamente por estarem inseridos no mesmo procedimento ou porque da existência ou validade de um depende a validade do outro". É precisamente a estas duas hipóteses de conexão entre actos (ou entre acto e contrato) que o artigo 63.º, antes de mais, se refere — com a particularidade, no entanto, de vir admitir que a cumulação tenha lugar a título superveniente, já na pendência de um processo de impugnação.

Como é sabido, sucede com frequência que, em momento subsequente ao da prática de um acto administrativo, vêm a ser praticados outros actos que, baseando-se naquele primeiro acto ou, em todo o caso, na situação jurídica por ele criada, neles fazem assentar a sua própria validade — sucedendo entretanto muitas vezes que, se também estes actos supervenientes não vierem a ser eliminados quando o primeiro acto for anulado, a sua permanência na ordem jurídica constituirá um obstáculo à cabal reconstituição da situação que deveria existir se o acto anulado nunca tivesse sido praticado. Até para evitar que à sombra destes novos actos se venham a constituir situações jurídicas de vantagem para terceiros, cuja boa fé possa vir mais tarde a não poder ser posta em causa, faz todo o sentido que o interessado na anulação do primeiro acto também faça valer a invalidade (consequente) dos actos subsequentes ([106]).

Normalmente, os actos sobrevêm já na pendência do processo de impugnação do primeiro acto e, como a questão da permanência na ordem jurídica destes novos actos se resolve em função do destino que venha a ter o acto que os precedeu, justifica-se que a questão da respectiva validade possa ser suscitada no âmbito daquele processo. É precisamente isto que o artigo 63.º vem permitir, impondo entretanto à Administração, no n.º 3, o dever de trazer ao processo a informação necessária para o efeito — no que mais não é do que uma concretização dos deveres de informação que, por força do princípio da cooperação, o artigo 8.º, n.º 4, impõe à Administração e que desempenha precisamente uma função instrumental em relação às faculdades à disposição do autor que, no âmbito dos processos de impugnação de actos administrativos, o CPTA outorga nos artigos 63.º, 64.º e 65.º.

Porque a questão, de direito substantivo, de saber em que casos e termos é que a invalidade de um acto administrativo se projecta sobre a validade dos actos (e contratos) subsequentes não é uma questão linear e ao direito processual não lhe cumpre dar resposta, não convém concluir este ponto sem sublinhar que do artigo 63.º não se afigura legítimo extrair uma qualquer regra segundo a qual a invalidade de um acto administrativo implicaria a automática invalidade de todos os actos que lhe sucedam no âmbito do mesmo procedimento (artigo 63.º, n.º 1) ou do contrato que venha a ser celebrado no termo desse pro-

---

([106]) Em geral sobre o problema, nas suas diversas implicações, cfr. M. AROSO DE ALMEIDA, *Anulação de actos administrativos...*, pp. 354 segs., e "Regime jurídico dos actos consequentes de actos administrativos anulados", *Cadernos de Justiça Administrativa* n.º 28, pp. 16 segs.

Grandes Linhas da Reforma do Contencioso Administrativo 105

cedimento (artigo 63.°, n.° 2). O artigo 63.° limita-se a admitir que, na pendência do processo de impugnação de um acto administrativo, possam ser cumulados nesse processo pedidos dirigidos à anulação (ou declaração de nulidade) de outros actos administrativos e de contratos que com aquele acto apresentem um laço de conexão. Ao direito substantivo caberá determinar se os novos actos ou o contrato são inválidos, e os pedidos cumulados só serão, naturalmente, julgados procedentes se for de entender que sim ([107]).

Importa, entretanto, notar que o artigo 63.° não se limita a permitir que, num determinado processo impugnatório, se cumule a impugnação de actos (ou contratos) conexos com o acto impugnado, no sentido até aqui explicitado. Na verdade, o referido propósito de contribuir para transformar o contencioso de impugnação num contencioso cujo objecto não se circunscreva necessariamente à apreciação da validade de um único acto administrativo, mas possa ser moldado em termos tais que lhe permitam disciplinar todo o quadro da relação jurídico-administrativa em que se inscreve o acto impugnado,

---

([107]) Fazendo, justamente, notar a necessidade de que a invalidade consequente dos contratos seja objecto de ponderada apreciação judicial, "até porque a questão de saber quais são os actos *de que depende a celebração do contrato* e, assim, quais os actos cuja invalidade determina a invalidade do próprio contrato, não é de todo fácil e apenas pode ser resolvida [...] tendo em conta todos os interesses que rodeiam a preparação e celebração do referido contrato", cfr. MARIA JOÃO ESTOR-NINHO, "Contencioso dos contratos da Administração Pública", *Cadernos de Justiça Administrativa* n.° 24, p. 16. A Autora sugeria, por isso, a pp. 16-17, que a questão viesse a ser submetida ao "juiz do contrato", no âmbito de acção fundada na invalidade do acto pré-contratual. O CPTA orientou-se em sentido inverso, admitindo a extensão do objecto do processo de impugnação do acto pré-contratual à própria impugnação do contrato. Ficou, em todo o caso, acautelada a preocupação de evitar a sucessão de processos que resultaria da solução de fazer preceder a impugnação do acto da propositura da acção de validade do contrato. Por outro lado, o facto de a questão ser colocada no âmbito de um processo de impugnação de um acto pré-contratual não exime o tribunal, uma vez formalmente ampliado o objecto do processo impugnatório à questão da eventual invalidade consequente do contrato entretanto celebrado, do dever de apreciar a questão com a devida detenção, procedendo às indagações que tenha por convenientes, como se ela tivesse sido formulada no âmbito de uma acção administrativa comum expressamente proposta para o efeito.

justifica que o objecto do processo possa ser ampliado noutras circunstâncias e para outros efeitos.

É assim que o artigo 63.º também admite a ampliação do objecto do processo à impugnação de actos "cujos efeitos se oponham à utilidade pretendida no processo". A nosso ver, esta previsão tem o alcance de permitir a cumulação superveniente, num processo impugnatório (no qual pode ter sido, de resto, cumulada pretensão dirigida à reconstituição da situação actual hipotética), do pedido de anulação de eventuais actos que, mesmo sem reincidir nos vícios cometidos pelo acto impugnado, visem assegurar a ilegítima manutenção da situação constituída por esse acto e, portanto, obstar ilegitimamente à reconstituição da situação actual hipotética — afinal, os "actos que mantenham sem fundamento válido a situação ilegal", a que, pela sua parte, se referem os artigos 164.º, n.º 3, 167.º, n.º 1, 176.º, n.º 5, e 179.º, n.º 2, ao permitirem que à sua impugnação também seja estendido o objecto dos processos executivos ([108]).

c) O artigo 70.º, n.º 1, retoma, entretanto, nos novos moldes que a reestruturação dos meios processuais do contencioso administrativo exigia, uma solução correspondente àquela que, até aqui, o artigo 51.º, n.º 1, da LPTA consagrava a propósito do recurso contencioso de anulação de actos de indeferimento tácito. Permite, assim, que quando, na pendência de processo dirigido à condenação à prática de um acto devido, a Administração emita um acto de indeferimento, o interessado alegue novos fundamentos e ofereça outros meios de prova em favor da sua pretensão.

Repare-se que, ao contrário do que sucedia até aqui, não se trata de permitir a impugnação do acto de indeferimento superveniente.

([108]) Em nome do *princípio da plenitude do processo de execução*, ver, já em defesa desta última solução, a que na jurisprudência (cfr., por exemplo, Acórdão do Supremo Tribunal Administrativo de 29.1.1998, Proc. n.º 42 342) e na doutrina (cfr. VIEIRA DE ANDRADE, *A Justiça Administrativa,* pp. 166-167) vinha sendo oposta alguma resistência, MÁRIO AROSO DE ALMEIDA, "Reinstrução do procedimento e plenitude do *processo de execução das sentenças"*, *Cadernos de Justiça Administrativa* n.º 3, pp. 12 segs..

Esta é uma consequência que resulta do facto de, no novo contencioso administrativo, a reacção contra actos administrativos de conteúdo negativo deixar de ser objecto de um processo impugnatório, dirigido à mera anulação ou declaração de nulidade ou inexistência do acto ilegal, para passar a processar-se no âmbito de uma acção de alcance equivalente ao da *Verpflichtungsklage* alemã, que não funciona apenas como um instrumento de tutela contra situações de inércia ou omissão, mas também como o instrumento de defesa dos interessados contra actos administrativos de conteúdo negativo ([109]). Do que aqui se trata é de permitir que, à luz dos novos elementos que o acto superveniente de indeferimento possa trazer, o interessado seja admitido a deduzir novos argumentos em favor da sua pretensão, no âmbito do processo de condenação à prática do acto devido que já se encontra pendente.

No n.º 3 do artigo 70.º, o CPTA admite entretanto a ampliação do objecto do processo à impugnação do eventual acto de conteúdo positivo que, em resposta à pretensão deduzida em juízo, a Administração venha a praticar na pendência do processo, mas "não satisfaça integralmente a [referida] pretensão". Tal como sucede no artigo 63.º, também aqui estamos perante um importante afloramento do princípio da cumulação de pedidos, dirigido a assegurar que o objecto do processo acompanhe a evolução dos contornos da relação jurídica material controvertida, por forma a permitir que esta seja discutida em juízo com a maior amplitude possível e, tal como naquele caso, também com a particularidade de a cumulação ter lugar a título superveniente, já na pendência de um processo que, nesta hipótese, é um processo de condenação.

([109]) Devendo, neste último caso, ser accionada, como determina o artigo 69.º, n.º 2, dentro do prazo de três meses que vigora para a impugnação dos actos administrativos. Recorde-se que também no direito alemão, sempre que tiver sido emitido um acto expresso de indeferimento, a *Verpflichtungsklage* deve ser proposta dentro do prazo normal de impugnação dos actos administrativos: cfr. referências indicadas *supra*, na nota 45.

11. Princípio da agilização processual

Pela importância de que se revestem, na economia da reforma do contencioso administrativo, as soluções inovadoras introduzidas com o objectivo de agilizar o contencioso administrativo, libertando-o do encargo de apreciar um volume apreciável de processos, afigura-se justificado autonomizar um último princípio, o *princípio da agilização processual* ([110]).

Como é sabido, o facto de, em muitos domínios da actuação administrativa, haver lugar à produção de actos administrativos em massa, que envolvem a aplicação, por vezes automática ou quase automática, do mesmo dispositivo normativo a um amplo conjunto de pessoas, faz com que, quando nesses domínios a Administração incorre em ilegalidade, se multipliquem os litígios, dando origem a um fenómeno de processos idênticos em grande número que tendem a assoberbar os tribunais administrativos. Este é um fenómeno claramente identificado em todos os sistemas de justiça administrativa e para o qual se impõe procurar respostas ([111]).

11.1. Têm sido tentadas várias soluções processuais, mais ou menos eficazes, mais ou menos arrojadas, para enfrentar o problema. Pode dizer-se que, influenciado pela Lei de contencioso espanhola de 1998, o CPTA lança mão de praticamente todas elas. É assim que, desde logo, se prevê no artigo 94.º, n.º 3: "Quando o juiz ou relator considere que a questão de direito a resolver é simples, designadamente por já ter sido apreciada por tribunal, de modo uniforme e reiterado, ou que a pretensão é manifestamente infundada, a funda-

---

([110]) A expressão *agilização* tem sido utilizada pela doutrina espanhola, no sentido utilizado no texto, a propósito da Lei da jurisdição contencioso-administrativa de 1998: cfr., por exemplo, RAFAEL ENTRENA CUESTA, "Medidas de agilización del procedimiento ordinario", *Justicia administrativa* (número especial, 1999), pp. 77 segs.

([111]) Chamando a atenção para essa necessidade, no âmbito da discussão pública sobre a reforma do contencioso administrativo, cfr. SÉRVULO CORREIA, *O Debate Universitário*, p. 132 (CJA n.º 20, p. 16). Cfr. também as pertinentes considerações de CARLOS CADILHA, "Ainda a reforma …", pp. 4-5.

mentação da decisão pode ser sumária, podendo consistir na simples remissão para decisão precedente, de que se junte cópia" ([112]).

Mas, bem mais importante do que isso, à solução tradicional da eventual apensação de processos, prevista no artigo 28.º, o CPTA vem acrescentar no artigo 48.º a seguinte possibilidade: "Quando sejam propostos mais de vinte processos que, embora reportados a diferentes pronúncias da mesma entidade administrativa, digam respeito à mesma relação jurídica material ou, ainda que respeitantes a diferentes relações jurídicas coexistentes em paralelo, sejam susceptíveis de ser decididos com base na aplicação das mesmas normas a idênticas situações de facto, o presidente do tribunal pode determinar, ouvidas as partes, que seja dado andamento a apenas um ou alguns deles, que neste último caso serão apensados num único processo, e se suspenda a tramitação dos demais".

Do ponto de vista da redução do número de litígios a apreciar pelos tribunais e, concomitantemente, da aceleração da justiça administrativa, afigura-se que esta solução inovadora, inspirada no mais moderno direito espanhol ([113]), poderá trazer resultados positivos, na medida em que, seja qual for o sentido em que o tribunal venha a decidir o processo ou os processos seleccionados, a tendência mais lógica será para que as partes nos processos suspensos aceitem a decisão e não façam uso da faculdade de requerer a continuação do processo que lhes diz respeito, que o artigo 48.º, n.º 5, alínea c), lhes confere. Neste sentido concorre, em especial, o facto de o artigo 48.º exigir que no julgamento do processo seleccionado intervenham todos os juízes do tribunal ou da secção, com o que claramente se pretende assegurar que a decisão que nesse processo venha a ser proferida seja assumida por todos, desse modo diminuindo a possibilidade de qualquer deles vir a decidir em sentido diferente os pro-

---

([112]) Já em defesa da solução, cfr. CARLOS CADILHA, "Ainda a reforma...", p. 6.

([113]) Cfr. artigos 37.º, n.º 2, e 111.º da Lei da jurisdição contencioso-administrativa de 1998, e, a seu propósito, por todos, os comentários de RAFAEL ENTRENA CUESTA, *op. cit.*, e de AVELINO BLASCO ESTEVE, *Revista española de derecho administrativo*, n.º 100, pp. 362 segs.

cessos que ficaram suspensos, no caso de ser requerida a respectiva continuação, ao abrigo do disposto no artigo 48.°, n.° 5, alínea c).

A solução em apreço não se afigura, contudo, isenta de dúvidas, devendo ser manuseada pelo tribunal com grande precaução.

Desde logo, porque se impõe assegurar que, pelos termos em que em cada um deles as questões surgem colocadas, os processos seleccionados permitam a cabal apreciação do litígio, em termos de a solução que lhes venha a ser dada poder ser transposta para os processos cuja tramitação ficou suspensa sem que nenhuma questão neles suscitada fique por apreciar e debater. E nesta perspectiva se inscreve o especial cuidado com que o artigo 48.°, n.° 3, procura definir os critérios que deverão orientar o juiz na selecção dos processos a apreciar e dos processos a suspender.

Mas também porque se impõe reduzir ao mínimo indispensável os inconvenientes que, para quem desencadeou os processos suspensos, necessariamente decorrem da situação em que desse modo se vêem colocados — e nesse sentido concorrem as soluções consagradas nos n.°s 5, 6 e 7 do artigo 48.°, que procuram rodear a sua posição de mais garantias do que aquelas que resultam dos preceitos homólogos da lei de contencioso espanhola.

A solução em apreço terá de ser naturalmente testada. Só a experiência resultante da sua aplicação prática permitirá extrair conclusões. E recorde-se que, tal como sucedeu com o CPA, o artigo 3.° da Lei n.° 15/2002 prevê avisadamente que o CPTA "será revisto no prazo de três anos a contar da data da sua entrada em vigor, devendo ser recolhidos os elementos úteis resultantes da sua aplicação, para introdução das alterações que se mostrem necessárias". Este é um domínio em que a experiência poderá por certo propiciar a introdução de aperfeiçoamentos.

11.2. O mecanismo de agilização do artigo 48.°, de que acabamos de falar, tem, em todo o caso, o inconveniente de não evitar a própria propositura das acções: trata-se de dar resposta a fenómenos já existentes de processos em massa.

Este inconveniente já não caracteriza as outras duas mais relevantes vias de agilização que o CPTA também introduz e que, deste ponto de vista, se poderá talvez dizer que são mais *limpas* ou *assépticas,* na medida em que se orientam no sentido de evitar a própria propositura de acções e, assim, a própria constituição do fenómeno dos processos em massa.

Referimo-nos, antes de mais, ao instituto da extensão de efeitos de sentenças que o CPTA prevê no seu artigo 161.°, por inspiração de instituto equivalente consagrado no artigo 110.° da já referida lei espanhola de 1998. A previsão deste instituto surgiu, naquele país, para dar resposta no ovo e, portanto, ainda em sede extrajudicial, ao fenómeno que, sobretudo nos domínios tributário e do funcionalismo público, tem lugar quando a aplicação de uma mesma norma a uma multiplicidade de destinatários os leva a desencadear, contra a mesma entidade pública, um elevado número de processos sobre a mesma questão material.

Já antes de 1998, a lei e a jurisprudência espanholas vinham procurando aliviar os tribunais administrativos da apreciação de processos em massa, considerando, para o efeito, suficiente que uma entidade pública perdesse um dos processos contra ela intentados para que se lhe impusesse a extensão *ultra partem,* isto é, o dever de estender a eficácia anulatória ou de reconhecimento de uma determinada situação jurídica aos demais interessados que, tendo recorrido ou não à via processual, se encontrassem colocados nas mesmas circunstâncias ([114]). Foi esta solução que o referido artigo 110.° da lei espanhola de 1998 veio a consagrar ([115]) e que o artigo 161.° do nosso CPTA adoptou em moldes relativamente idênticos.

([114]) Cfr. J. TOLEDO JÁUDENES, "Extension 'ultra partem' de la eficacia de la sentencia administrativa en tramite de ejecucion", *Revista de Administración Publica* n.° 109, pp. 247 segs.

([115]) Para a descrição do processo consagrado no artigo 110.° da lei espanhola de 1998, cfr., por exemplo, TOMÁS FONT I LLOVET, "La extensión a terceros de los efectos de la sentencia en vía de ejecución", *Justicia administrativa* (número especial, 1999), pp. 165 segs.; LUIS MARTIN CONTRERAS, *La extensión de efectos de las sentencias de la jurisdicción contencioso-administrativa en materia tributaria y de personal,* Granada, 2000, *passim.*

a) Em primeira linha, está aqui em causa o reconhecimento a quem não lançou mão, no momento próprio, do meio processual adequado a fazer valer os seus interesses, do direito de exigir que determinada entidade administrativa se comporte para com ele como se tivesse sido ele a obter uma sentença transitada em julgado que, na realidade, foi proferida contra essa mesma entidade num processo intentado por terceiro. Em primeira linha, a questão é, pois, colocada perante a própria entidade administrativa, podendo ser logo nessa sede extrajudicialmente resolvida. Com o que se evita que um número muito significativo de interessados se sintam obrigados a recorrer à via judicial para fazer valer os seus direitos, desse modo congestionando desnecessariamente os tribunais.

São elementos constitutivos da pretensão de extensão de efeitos que, na decisão judicial cuja extensão de efeitos se pretende, o tribunal tenha julgado procedente uma pretensão perfeitamente idêntica àquela que o interessado teria, ele próprio, accionado se tivesse, também ele, lançado mão da via judicial contra a mesma entidade administrativa; e que, "no mesmo sentido, tenham sido proferidas três sentenças transitadas em julgado ou, existindo uma situação de processos em massa, nesse sentido tenha sido decidido o processo seleccionado segundo o disposto no artigo 48.°" (artigo 161.°, n.° 2). Ao interessado cabe naturalmente demonstrar o preenchimento destes pressupostos. O artigo 161.°, n.° 5, estabelece entretanto que, no caso de haver contra-interessados que não tenham tomado parte no processo em que a sentença foi proferida, a extensão dos efeitos da sentença só pode ser requerida se o interessado tiver, ele próprio, lançado tempestiva mão da via judicial, embora esse processo se encontre pendente.

b) Em princípio, é só na hipótese de a Administração não dar acolhimento à pretensão do interessado que o artigo 161.° admite que ele a faça valer perante o tribunal, ao qual vai pedir que, uma vez comprovada a existência da referida identidade de situações entre o caso julgado em tribunal e aquele que lhe diz respeito, lhe estenda os efeitos da sentença que naquele caso foi proferida. O tribunal vai, deste modo, emitir uma pronúncia que, determinando que na esfera jurídica do interessado se produzam os mesmos efeitos que a sentença tinha projectado na esfera jurídica de outrem, equivale, em relação ao interessado, à sentença que este teria obtido se tivesse intentado um processo como aquele no âmbito do qual a sentença foi proferida.

A pronúncia judicial de extensão de efeitos não pode deixar de ser proferida no âmbito de um processo declarativo, ainda que sumário, no qual o tribunal tem de verificar e reconhecer o bem fundado da pretensão do interessado. Por este motivo se determina, no artigo 161.º, n.º 4, que o processo siga, com as adaptações que forem necessárias, os trâmites do processo de execução de sentenças de anulação de actos administrativos — processo que, sem prejuízo de poder abrir caminho a pretensões executivas, é, como já foi referido, um processo de natureza declarativa.

Além de poder lançar mão, nos seus exactos termos, do instituto da extensão dos efeitos da sentença, regulado no artigo 161.º (cfr. artigo 161.º, n.º 2, *in fine*), note-se entretanto que ao particular cujo processo tenha estado suspenso nos termos do artigo 48.º, n.º 1, é dada a possibilidade de apresentar directamente ao tribunal o pedido de extensão relativo à sentença proferida no processo seleccionado: cfr. artigo 48.º, n.º 5, alínea b). No pedido, o interessado requer a condenação da Administração (artigo 176.º, n.º 3), que é citada para contestar (artigo 177.º). A explicação residirá no facto de, neste caso, se tratar de um particular que viu suspensa, porventura por longo tempo, a tramitação de um processo que tinha desencadeado contra a Administração e, portanto, de uma situação para a qual não só a Administração já se encontrava previamente advertida, como de uma situação em que poderia ser considerado excessivamente oneroso remeter o interessado para a necessária apresentação de um requerimento à Administração. Como é evidente e já foi referido, essa via está ao seu alcance, ao abrigo do artigo 161.º. Mas o artigo 48.º, n.º 5, alínea b), não deixa de abrir o acesso imediato à via judicial, através de uma tramitação (a dos artigos 177.º a 179.º) que, depois de todo o tempo decorrido, se pretende célere.

c) Uma última referência, ainda a propósito do regime do artigo 161.º, para o seu n.º 6, que possui um sentido autónomo, que é o de estender o regime dos n.ºs 3 e 4 a situações que, como a prática vinha demonstrando e também tinha sido assinalado pela doutrina ([116]), careciam ainda de uma resposta clara. Referimo-nos às situações em que, na pendência de um processo impugnatório em que tenha sido apenas pedida a anulação do acto impugnado, este acto venha a ser anulado por sentença proferida noutro processo paralelo. Numa situação desta natureza, como o processo se dirigia à estrita anulação do acto impugnado, ele extingue-se por impossibilidade superveniente da lide, uma vez que os efeitos do acto impugnado já foram retroactivamente destruídos. O artigo 161.º, n.º 6, vem, no entanto, equiparar o interessado que se vê colocado nesta situação àquele que, no processo paralelo, obteve a anulação, para o efeito de lhe permitir que também ele exija a execução administrativa da sentença de anulação, nos termos do artigo 173.º, e, se tal for necessário, para o efeito de lhe abrir o acesso ao processo de execução da sentença de anulação, como se essa sentença tivesse sido proferida no processo que ele intentou e que se extinguiu sem pronúncia de mérito — o que se afigura da mais elementar justiça.

Repare-se que se, no processo impugnatório, tivessem sido desde logo cumuladas pretensões dirigidas à condenação da Administração ao cumprimento dos deveres enunciados no artigo 173.º, a impossibilidade superveniente de anular o acto que já foi entretanto anulado não teria o alcance de extinguir o processo. É que, na verdade, a lide, nesse caso, não se dirigia exclusivamente à anulação do acto impugnado; não sendo, por isso, mais possível anular o acto, que já fôra anulado, o processo devia, de todo o modo, prosseguir em ordem a determinar o conteúdo dos deveres em que a Administração ficou constituída por efeito da anulação e só se extinguiria se, ainda na pendência do processo, a Administração viesse a dar cabal cumprimento a esses deveres.

([116]) Cfr. VIEIRA DE ANDRADE, *A Justiça Administrativa,* p. 165.

11.3. O segundo dos mecanismos de agilização que se orientam no sentido de evitar a própria propositura de acções e, assim, a constituição do fenómeno dos processos em massa, é aquele que, ainda em termos genéricos que a lei deverá concretizar, o CPTA prevê no seu artigo 187.º, nos termos do qual:

> "1. O Estado pode, nos termos da lei, autorizar a instalação de centros de arbitragem permanente, destinados à composição de litígios no âmbito das seguintes matérias:
> a) Contratos;
> b) Responsabilidade civil da Administração;
> c) Funcionalismo público;
> d) Esquemas públicos ou privados de protecção social;
> e) Urbanismo.
> 2. A vinculação de cada Ministério à jurisdição de centros de arbitragem depende de portaria conjunta do Ministro da Justiça e do Ministro da tutela, que estabelece o tipo e o valor máximo dos litígios abrangidos, conferindo aos interessados o poder de se dirigirem a esses centros para a resolução de tais litígios.
> 3. Aos centros de arbitragem previstos no n.º 1 podem ser atribuídas funções de conciliação, mediação ou consulta no âmbito de procedimentos de impugnação administrativa".

Na verdade, um dos mais graves problemas com que se debate o nosso contencioso administrativo reside na existência de um fenómeno que poderíamos qualificar como de *tendencial judicialização necessária dos litígios*. Escasseiam os instrumentos efectivos de resolução extrajudicial dos conflitos, a cargo de organismos administrativos independentes, porventura para-judiciais, capazes de evitar que se coloquem em tribunal muitas questões — tantas vezes, em domínios como o do funcionalismo público ou da segurança social, a própria eclosão de fenómenos de processos em massa — que poderiam ser resolvidas, de modo célere e eficaz, sem a intervenção do Poder Judicial ([117]).

([117]) Pode ver-se um afloramento da mesma ideia em CARLOS CADILHA, "Ainda a reforma …", p. 5.

A concretização do artigo 187.º afigura-se indispensável para inverter uma certa tendência da Administração Pública para ver na justiça administrativa a instância que vai dar fundamento a medidas de reintegração da esfera jurídica dos particulares que já se reconhecia serem devidas, mas se entendia só poderem ser tomadas com base em título judicial que as legitimasse — quando não, mesmo, para utilizar a justiça administrativa como um instrumento para protelar a resolução de litígios em que a razão dos particulares é evidente.

*

* *

PRINCIPAIS INOVAÇÕES INTRODUZIDAS
PELA REFORMA DO CONTENCIOSO ADMINISTRATIVO

1. Âmbito da jurisdição administrativa:
   — Competência para dirimir todas as questões de responsabilidade civil extracontratual do Estado e demais entidades públicas;
   — Competência para dirimir litígios emergentes de contratos celebrados pelo Estado ou outras entidades públicas que a lei especificamente submeta, ou de que admita a submissão, a um procedimento pré-contratual de direito público, cujo regime seja regulado por normas de direito público ou que as partes tenham expressamente submetido a um regime substantivo de direito público.

2. Distribuição das competências dos tribunais administrativos:
   — Transferência de quase todas as competências de primeira instância para os tribunais administrativos de círculo;
   — Transformação do Tribunal Central Administrativo em dois tribunais de apelação, em Lisboa e Porto;
   — Atribuição primordial ao Supremo Tribunal Administrativo do poder de dirimir conflitos entre os tribunais da jurisdição administrativa e fiscal e julgar recursos de revista e para uniformização de jurisprudência.

3. Legitimidade processual:
   — Atribuição da legitimidade passiva, relativamente a todo o tipo de processos, às entidades demandadas, e não aos seus órgãos;

— Ampliação da legitimidade activa, através do alargamento do âmbito da acção pública e da acção popular e do círculo dos legitimados a propor acções respeitantes a contratos celebrados por entidades públicas.

4. Formas de processo:
— Instituição de duas formas principais de processo: a acção administrativa comum, que corresponde às antigas *acções* e segue a tramitação do processo declarativo comum do Código de Processo Civil, e a acção administrativa especial, que obedece a uma tramitação específica e corresponde aos processos de impugnação de normas e actos administrativos e aos processos dirigidos à emissão de normas e de actos administrativos;
— Instituição de processos urgentes no domínio do contencioso eleitoral, do contencioso relacionado com o procedimento de celebração de certo tipo de contratos, do exercício do direito à informação e do exercício de direitos, liberdades e garantias;
— Consagração do princípio da não taxatividade das providências cautelares em contencioso administrativo e de critérios flexíveis de ponderação quanto à respectiva concessão;
— Consagração do princípio da livre cumulabilidade de todos os pedidos num mesmo processo e de soluções que permitem a ampliação do objecto do processo durante a pendência do mesmo, por forma a permitir a impugnação de actos administrativos e contratos supervenientes.

5. Poderes dos tribunais administrativos:
— Introdução do poder de condenar a Administração à prática de actos administrativos, bem como de emitir pronúncias aptas a produzir os efeitos de actos administrativos estritamente vinculados que a Administração tenha omitido ou recusado ilegalmente;
— Introdução do poder de impor sanções pecuniárias compulsórias aos titulares dos órgãos administrativos obrigados a cumprir as determinações judiciais;

Grandes Linhas da Reforma do Contencioso Administrativo 119

— Substituição da anulação dos actos de indeferimento, expresso ou tácito, pelo poder de condenação à prática do acto legalmente devido, valendo tal condenação, implicitamente, como anulação do indeferimento;

— Introdução do poder de determinar a adopção de providências verdadeiramente executivas, no domínio dos processos de execução para a prestação de factos fungíveis e para o pagamento de quantias.

6. Outras inovações:

— Eliminação das restrições tradicionais quanto aos meios de prova admissíveis;

— Introdução da possibilidade da existência de audiências orais em todos os tipos de processos;

— Introdução de mecanismos de resolução simplificada de processos em massa e de extensão de efeitos de sentenças a situações similares que não foram submetidas à apreciação dos tribunais;

— Consagração do princípio de que as entidades públicas também podem ser condenadas em custas e por litigância de má-fé;

— Previsão da criação de centros de arbitragem institucionalizados, destinados a intervir em domínios de maior litigância, como os do funcionalismo público e da segurança social.

PRINCIPAL BIBLIOGRAFIA RELACIONADA COM A REFORMA DO CONTENCIOSO ADMINISTRATIVO

AA.VV.
— *O Debate Universitário (Reforma do Contencioso Administrativo — Trabalhos Preparatórios — O Debate Universitário*, vol. I), Ministério da Justiça, Lisboa, 2000 (*)
— *Reforma do Contencioso Administrativo*, 3 vols., Coimbra Editora (**)

ALMEIDA, António Duarte de/MONTEIRO, Cláudio/SILVA, José Luís Moreira da
— "A caminho da plenitude da justiça administrativa", *Cadernos de Justiça Administrativa* n.º 7

ALMEIDA, João Carlos Amaral e
— "Mesa redonda: as medidas cautelares", in *Reforma do contencioso administrativo (2003)*, vol. I, pp. 693 segs.

ALMEIDA, Mário Aroso de
— *Anulação de actos administrativos e relações jurídicas emergentes*, Coimbra, 2002

(*) Trata-se de um volume cuja publicação foi promovida pelo próprio Ministério da Justiça e que reune uma parte dos textos produzidos durante o Debate Univeritário que decorreu ao longo do ano 2000, no âmbito da discussão pública sobre a reforma do contencioso administrativo.

(**) Trata-se de uma publicação que reune todos os trabalhos preparatórios da reforma do contencioso administrativo, incluindo versão mais completa do Debate Universitário do que aquela que tinha sido originariamente publicada, ainda em 2000, em edição do próprio Ministério da Justiça, e a que nos referimos na nota anterior. Os textos do Debate Universitário que já constavam dessa edição primitiva, de 2000, são citados, ao longo deste livro e na presente lista bibliográfica, por referência a essa edição. Os restantes são indicados na presente lista com a indicação *Reforma do contencioso administrativo (2003)*, vol. I.

— "Breve introdução à reforma do contencioso administrativo", *Cadernos de Justiça Administrativa,* n.º 35
— "Contributo para a reforma do contencioso administrativo", *Direito e Justiça,* vol. IX, tomo I (1995)
— "Execução de sentenças", in *Seminário permanente de Direito Constitucional e Administrativo,* vol. I, Braga, 1999
— "Implicações de direito substantivo da reforma do contencioso administrativo", *Cadernos de Justiça Administrativa,* n.º 34
— "Mesa Redonda: pretensões materiais, pronúncias judiciais e sua execução na reforma do contencioso administrativo", in *Reforma do contencioso administrativo (2003),* vol. I, pp. 645 segs.
— "Medidas cautelares no ordenamento contencioso", *Direito e Justiça,* vol. XI (1997), tomo 2
— "Novas perspectivas para o contencioso administrativo", in *Juris et de Jure — Nos vinte anos da Faculdade de Direito da Universidade Católica Portuguesa — Porto,* 1998
— "O novo contencioso administrativo em matéria de ambiente", *Revista Jurídica do Urbanismo e do Ambiente* n.º 18/19
— *O Novo Regime do Processo nos Tribunais Administrativos,* 3.ª edição, Coimbra, 2004
— "Pronúncias judiciais e sua execução na reforma do contencioso administrativo", *Cadernos de Justiça Administrativa* n.º 22
— "Regime jurídico dos actos consequentes de actos administrativos anulados", *Cadernos de Justiça Administrativa* n.º 28
— "Tutela declarativa e executiva no contencioso administrativo português", *Cadernos de Justiça Administrativa* n.º 16

ALVES, João Gomes
— "A marcha do processo no contencioso administrativo", in *O Debate Universitário,* pp. 275 segs.

AMARAL, Diogo Freitas do
— "Considerações gerais sobre a reforma do contencioso administrativo", in *O Debate Universitário,* pp. 85 segs.
— "Intervenção", in *O Debate Universitário,* pp. 41 segs. (também publicado, sob o título "Considerações gerais sobre a reforma do contencioso administrativo", in *Cadernos de Justiça Administrativa* n.º 22)
— "Projecto de Código do Contencioso Administrativo", *Scientia Ivridica,* tomo XLI (n.º 235/237)

Grandes Linhas da Reforma do Contencioso Administrativo

— "Providências cautelares no novo contencioso administrativo", *Cadernos de justiça administrativa* n.º 43, pp. 4 e segs.

AMORIM, João Pacheco de
— "A substituição judicial da Administração na prática de actos administrativos devidos", in *O Debate Universitário*, pp. 377 segs.

ANDRADE, José Carlos Vieira de
— "Âmbito e limites da jurisdição administrativa", in *O Debate Universitário*, pp. 97 segs., e *Cadernos de Justiça Administrativa* n.º 22
— "Intervenção", in *O Debate Universitário*, pp. 51 segs.
— *A Justiça Administrativa*, 5.ª edição, Coimbra, 2003
— *A Justiça Administrativa*, 3.ª edição, Coimbra, 2000
— "Relatórios de síntese", *Cadernos de Justiça Administrativa* n.º 16
— "Relatórios de síntese", *Cadernos de Justiça Administrativa* n.º 28
— "As transformações do contencioso administrativo na terceira República portuguesa", *Legislação — Cadernos de ciência de legislação*, n.º 18
— "Tutela cautelar", *Cadernos de Justiça Administrativa*, n.º 34

ANTUNES, Luís Filipe Colaço
— *O Direito Administrativo e a sua justiça no início do século XXI – algumas questões*, Coimbra, 2001
— *Para um Direito Administrativo de garantia do cidadão e da Administração*, Coimbra, 2000
— "A reforma do contencioso administrativo: o último ano em Marienbad", in *O Debate Universitário*, pp. 231 segs., e *Revista do Ministério Público* n.º 83 (2000)

BOTELHO, José Manuel dos Santos
— "Implicações da cumulação de pedidos na instrução do processo", *Cadernos de Justiça Administrativa*, n.º 34

BRITO, Wladimir
— *Direito Processual Administrativo (Lições)*, Braga, 2004

CADILHA, Carlos Alberto Fernandes
— "Ainda a reforma do contencioso administrativo", *Cadernos de Justiça Administrativa* n.º 2
— "Intimações", *Cadernos de Justiça Administrativa* n.º 16
— "Legitimidade processual", *Cadernos de Justiça Administrativa*, n.º 34
— "Reflexões sobre a marcha do processo", in *O Debate Universitário*, pp. 245 segs., e *Cadernos de Justiça Administrativa* n.º 22

124   *Principal bibliografia*

— "A reforma do contencioso administrativo: debate público", *Cadernos de Justiça Administrativa* n.° 19, 20, 21 e 23
— "A reforma do contencioso administrativo: a intervenção do Ministério Público no recurso contencioso de anulação", *Revista do Ministério Público* n.° 83 (2000)

CARVALHO, Raquel
— "As intimações", in *Reforma do contencioso administrativo (2003)*, vol. I, pp. 675 segs.

CAUPERS, João
— "A arbitragem na nova justiça administrativa", *Cadernos de Justiça Administrativa, n.° 34
— "Imposições à Administração Pública", *Cadernos de Justiça Administrativa, n.° 16
— *Introdução ao Direito Administrativo, 7.ª edição, Lisboa, 2003

CLARO, João Martins
— "A arbitragem no anteprojecto de Código de Processo nos Tribunais Administrativos", in *O Debate Universitário,* pp. 179 segs. e *Cadernos de Justiça Administrativa* n.° 22

CORREIA, Fernando Alves
— "A impugnação jurisdicional de normas administrativas", *Cadernos de Justiça Administrativa* n.° 16

CORREIA, José Manuel Sérvulo
— "Impugnação de actos administrativos", *Cadernos de Justiça Administrativa* n.° 16
— "Intervenção", in *O Debate Universitário,* pp. 45 segs.
— "Linhas de aperfeiçoamento da jurisdição administrativa", *Revista da Ordem dos Advogados,* Ano 51 (1991)
— "O recurso contencioso no projecto da reforma: tópicos esparsos", in *O Debate Universitário,* pp. 125 segs. (apenas sob o título "O recurso contencioso") e *Cadernos de Justiça Administrativa* n.° 20
— "A reforma do contencioso administrativo e as funções do Ministério Público", in *Estudos em Homenagem a Cunha Rodrigues,* Coimbra, 2001, pp. 295 segs.
— "Unidade ou pluralidade de meios processuais principais no contencioso administrativo", in *O Debate Universitário,* pp. 513 segs., e *Cadernos de Justiça Administrativa* n.° 22

CORREIA, José Manuel Sérvulo/AYALA, Bernardo Diniz de/MEDEIROS, Rui
— *Estudos de Direito Processual Administrativo,* Lisboa, 2002

COSTA, António
— "Intervenção do Ministro da Justiça", in *O Debate Universitário,* pp. 7 segs.

ESTORNINHO, Maria João
— "Acções sobre contratos", in *Reforma do contencioso administrativo (2003),* vol. I, pp. 157 segs.
— "Contencioso dos contratos da Administração Pública", *Cadernos de Justiça Administrativa* n.° 16
— "Contencioso dos contratos da Administração Pública", *Cadernos de Justiça Administrativa* n.° 24
— "A reforma de 2002 e o âmbito da jurisdição administrativa", *Cadernos de Justiça Administrativa,* n.° 35

FÁBRICA, Luís Sousa da
— "A acção popular no projecto de Código de Processo nos Tribunais Administrativos", in *O Debate Universitário,* pp. 167 segs., e *Cadernos de Justiça Administrativa* n.° 21

FONSECA, Isabel
— Dos novos processos urgentes no contencioso administrativo (função e estrutura), Lisboa, 2004.
— "A urgência na reforma do processo administrativo", in *O Debate Universitário,* pp. 259 segs.

GARCIA, Maria da Glória Ferreira Pinto Dias
— "Da exclusividade de uma medida cautelar típica à atipicidade das medidas cautelares ou a necessidade de uma nova compreensão do Direito e do Estado", *Cadernos de Justiça Administrativa* n.° 16
— "As medidas cautelares entre a correcta prossecução do interesse público e a efectividade dos direitos dos particulares", in *O Debate Universitário,* pp. 339 segs., e *Cadernos de Justiça Administrativa* n.° 22
— "Suspensão da eficácia de um acto administrativo ou uma norma regulamentar", in *Reforma do contencioso administrativo (2003),* vol. I, pp. 147 segs.

GOMES, Carla Amado
— "À espera de Ulisses — Breve análise da Secção I do Capítulo VI do Anteprojecto de Código dos Tribunais Administrativos/II (As medidas cautelares)", *Revista do Ministério Público* n.° 84 (2000)

126   *Principal bibliografia*

— "O regresso de Ulisses: um olhar sobre a reforma da justiça cautelar administrativa", *Cadernos de Justiça Administrativa* n° 39

GONÇALVES, Pedro

— *O Contrato Administrativo — Uma instituição do nosso tempo*, Coimbra, 2003
— "A justiciabilidade dos litígios entre órgãos da mesma pessoa colectiva pública", *Cadernos de Justiça Administrativa*, n.° 35

JOSÉ, Rosendo Dias

— "Intervenção", in *O Debate Universitário*, pp. 27 segs.

MAÇÃS, Maria Fernanda

— "As medidas cautelares", in *O Debate Universitário*, pp. 355 segs.
— "Tutela judicial efectiva e suspensão da eficácia: balanço e perspectivas", *Cadernos de Justiça Administrativa* n.° 16

MACHETE, Pedro

— "Mesa Redonda: Meios processuais: um ou vários?", in *Reforma do contencioso administrativo (2003)*, vol. I, pp. 699 segs.

MACHETE, Rui Chancerelle de

— "A acção para efectivação da responsabilidade civil extracontratual", in *O Debate Universitário*, pp. 143 segs.
— "Efeitos das sentenças e recursos", in *O Debate Universitário*, pp. 369 segs.
— "O Estatuto dos Tribunais Administrativos e Fiscais", in *A Feitura das Leis*, vol. I, Lisboa, 1986
— "Execução de sentenças administrativas", in *Cadernos de Justiça Administrativa*, n.° 34

MEDEIROS, Rui

— *Acções de Responsabilidade — elementos do regime jurídico e contribuições para uma reforma*, Cascais, 1999
— "Brevíssimos tópicos para uma reforma do contencioso da responsabilidade", *Cadernos de Justiça Administrativa* n.° 16

MELO, António Barbosa de

— "Parâmetros constitucionais da justiça administrativa", in *O Debate Universitário*, pp. 295 segs.

MESQUITA, Goiana

— "Contencioso administrativo: reforma *versus* novo paradigma", in *O Debate Universitário*, pp. 223 segs.

Grandes Linhas da Reforma do Contencioso Administrativo 127

MIRANDA, Jorge
— "Os parâmetros constitucionais da reforma do contencioso administrativo", in *O Debate Universitário*, pp. 283 segs., e *Cadernos de Justiça Administrativa* n.º 24

OLIVEIRA, António Cândido de
— "Apontamentos sobre a reforma do Direito Processual Administrativo", in *O Debate Universitário*, pp. 77 segs.
— "A reforma da organização dos tribunais administrativos e tributários", in *O Debate Universitário*, pp. 211 segs. (apenas sob o título "Organização dos tribunais administrativos e tributários"), e *Cadernos de Justiça Administrativa* n.º 22

OTERO, Paulo
— "A impugnação das normas no anteprojecto de Código de Processo nos Tribunais Administrativos", in *O Debate Universitário*, pp. 135 segs., e *Cadernos de Justiça Administrativa* n.º 22

PINHEIRO, Rui
— "Intervenção", in *O Debate Universitário*, pp. 19 segs.

QUADROS, Fausto de
— "Algumas considerações gerais sobre a reforma do contencioso administrativo. Em especial, as providências cautelares", in *O Debate Universitário*, pp. 151 segs.

RANGEL, Paulo Castro
— "Mesa Redonda: Organização dos tribunais e tramitação processual", in *Reforma do contencioso administrativo (2003)*, vol. I, pp. 635 segs.

RAPOSO, João
— "A tramitação da acção administrativa especial", *Cadernos de Justiça Administrativa* n.º 39

SERRA, Manuel Fernando dos Santos
— "Intervenção do Presidente do Supremo Tribunal Administrativo", in *O Debate Universitário*, pp. 13 segs.
— "Intervenção do Presidente do Supremo Tribunal Administrativo", *Cadernos de Justiça Administrativa*, n.º 34

SILVA, Vasco Pereira da
— "A acção para reconhecimento de direitos", *Cadernos de Justiça Administrativa* n.º 16

— "Breve crónica de uma reforma anunciada", *Cadernos de Justiça Administrativa* n.º 1

— *O contencioso administrativo como "direito constitucional concretizado" ou "ainda por concretizar"*, Coimbra, 1999

— "O nome e a coisa — A acção chamada recurso de anulação e a reforma do contencioso administrativo", *Cadernos de Justiça Administrativa* n.º 22

— "Todo o contencioso administrativo se tornou de plena jurisdição", in *Cadernos de Justiça Administrativa*, n.º 34

— "Vem aí a reforma do contencioso administrativo (!?)", in *O Debate Universitário*, pp. 59 segs., e *Cadernos de Justiça Administrativa* n.º 19

— *Ventos de mudança no contencioso administrativo*, Coimbra, 2001

SILVEIRA, João Tiago V. A. da

— "A reforma do contencioso administrativo", *Revista Jurídica* (da Associação Académica da Faculdade de Direito de Lisboa) n.º 25 (2002)

SILVEIRA, João Tiago V. A. da/MAC CRORIE, Benedita

— "Notas sobre a discussão pública da reforma do contencioso administrativo", *Revista Jurídica* (da Associação Académica da Faculdade de Direito de Lisboa) n.º 24 (2001)

SOUSA, Marcelo Rebelo de

— *Lições de Direito Administrativo*, vol. I, Lisboa, 1999, pp. 469 segs.

— "Acção para a determinação da prática do acto administrativo legalmente devido", in *Reforma do contencioso administrativo (2003)*, vol. I, pp. 169 segs.

SOUSA, Miguel Teixeira de

— "Cumulação de pedidos e cumulação aparente no contencioso administrativo", in *Cadernos de Justiça Administrativa*, n.º 34

TORRES, Mário

— "Organização e competência dos tribunais administrativos", in *O Debate Universitário*, pp. 111 segs.

— "A reforma do contencioso administrativo: Que metodologia?", *Cadernos de Justiça Administrativa* n.º 9

— "Relatórios de síntese", *Cadernos de Justiça Administrativa* n.º 16

— "Relatórios de síntese", *Cadernos de Justiça Administrativa* n.º 28

ÍNDICE

Prefácio da 1.ª edição	5
Nota prévia à 2.ª edição	9
Nota prévia à 3.ª edição	11
Indicações de leitura	13

1. Considerações gerais 15

   1.1. Linhas de força da reforma do contencioso administrativo 15

   1.2. Dimensões de tutela subjectiva e objectiva 18

   1.3. *Vacatio legis* e regras de aplicação no tempo 21

I — ASPECTOS ESTRUTURAIS: O NOVO ETAF 25

2. Âmbito da jurisdição administrativa 25

   2.1. Enquadramento histórico 25

   2.2. Enquadramento constitucional 26

   2.3. Inovações introduzidas 30

   2.4. A questão do alargamento do âmbito da jurisdição administrativa
       em matéria de responsabilidade civil e de contratos 34

      2.4.1. Responsabilidade civil extracontratual 36

      2.4.2. Relações contratuais 39

3. Competências dos tribunais administrativos 45

   3.1. Enquadramento 45

   3.2. Linhas de força da reforma: à primeira instância o que é de primeira
       instância 47

3.3. Quadro de competências dos tribunais administrativos   49

3.4. Implicações decorrentes da alteração do quadro das competências . . .   50

II — O REGIME PROCESSUAL: PRINCÍPIOS DO CPTA E SEUS COROLÁRIOS   53

4. Princípio da tutela jurisdicional efectiva   53

5. Princípio da plena jurisdição dos tribunais administrativos   55

5.1. Poderes de pronúncia nos processos declarativos   57

    5.1.1. Poderes de pronúncia nos processos principais   57

    5.1.2. Poder de decretar todo o tipo de providências cautelares   62

5.2. Poder de adoptar verdadeiras providências executivas   65

6. Princípio da livre cumulação de pedidos   67

6.1. Reparação de danos e reconstituição da situação actual hipotética . . .   69

6.2. Impugnação de normas   75

6.3. Impugnação de actos e condenação à prática de actos administrativos   76

6.4. Impugnação de actos e de contratos   77

6.5. Impugnação de actos "praticados no âmbito da relação contratual"   78

6.6. Cumulação de impugnações de actos administrativos   79

7. Princípio da igualdade das partes   79

8. Princípio da promoção do processo   80

9. Princípio da simplificação da estrutura dos meios processuais . .   84

9.1. Enquadramento constitucional: sentido do artigo 268.º, n.º 4, da CRP   84

9.2. Linhas de força da reforma: dos meios processuais às formas do processo   86

9.3. Matriz dualista: acção administrativa comum e acção administrativa especial   90

Grandes Linhas da Reforma do Contencioso Administrativo   131

A) A acção administrativa comum 91

B) A acção administrativa especial 95

C) Os processos urgentes 98

10. Princípio da flexibilidade do objecto do processo 102

11. Princípio da agilização processual 108

11.1. Regime dos processos em massa (artigo 48.° do CPTA) 108

11.2. Extensão dos efeitos de sentenças (artigo 161.° do CPTA) 110

11.3. Criação de centros de arbitragem (artigo 187.° do CPTA) 115

Principais inovações introduzidas pela reforma do contencioso administrativo 117

Principal bibliografia relacionada com a reforma do contencioso administrativo 121

Índice 129